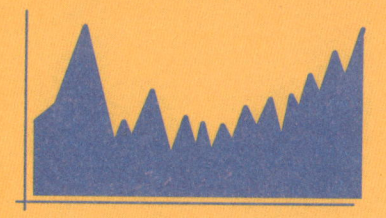

一看就懂的经济学

INSTANT ECONOMICS

KEY THINKERS, THEORIES, CONCEPTS AND DEVELOPMENTS

EXPLAINED ON A SINGLE PAGE

[加] 戴维·欧瑞尔（David Orrell） 著

康家欣 译

中国科学技术出版社

·北 京·

Instant Economics by David Orrell/ISBN:978-1-78739-419-3
First Published in 2021 by Welbeck,
an imprint of Welbeck Non-Fiction Limited,
part of the Welbeck Publishing Group
Copyright ©Welbeck Non-Fiction Limited 2021
All Rights Reserved.
Simplified Chinese rights arranged through CA-LINK International LLC (www.ca-link.cn)
北京市版权局著作权合同登记　图字：01-2022-0959。

图书在版编目（CIP）数据

　　一看就懂的经济学 /（加）戴维·欧瑞尔著；康家欣译 . —北京：中国科学技术出版社，2022.12
　　书名原文：Instant Economics:Key Thinkers, Theories, Concepts and Developments Explained on a Single Page

　　ISBN 978-7-5046-9855-1

　　Ⅰ . ①一… Ⅱ . ①戴… ②康… Ⅲ . ①经济学—基本知识 Ⅳ . ① F0

中国版本图书馆 CIP 数据核字（2022）第 203430 号

策划编辑	杜凡如　王雪娇	
责任编辑	杜凡如	
封面设计	仙境设计	
版式设计	蚂蚁设计	
责任校对	邓雪梅	
责任印制	李晓霖	

出　　版	中国科学技术出版社
发　　行	中国科学技术出版社有限公司发行部
地　　址	北京市海淀区中关村南大街 16 号
邮　　编	100081
发行电话	010-62173865
传　　真	010-62173081
网　　址	http://www.cspbooks.com.cn

开　　本	787mm×1092mm 1/16
字　　数	183 千字
印　　张	12.25
版　　次	2022 年 12 月第 1 版
印　　次	2022 年 12 月第 1 次印刷
印　　刷	北京盛通印刷股份有限公司
书　　号	ISBN 978-7-5046-9855-1 / F·1068
定　　价	79.00 元

（凡购买本社图书，如有缺页、倒页、脱页者，本社发行部负责调换）

前　言

本书旨在介绍经济学领域知识。本书包含160个易于理解且内容丰富的主题，既包括从古至今的经济学历史，也涵盖了经济学的广泛性，例如，黄金市场和复杂的金融衍生品市场均属于经济学范畴。

经济学的重要性表现在哪儿？经济学如何影响世界运行？经济学为何与生活息息相关？现在市面上的经济学入门书籍都可以回答这些问题，这些书一般会向读者介绍经济学的发展历程，形式如下：

最初之时，人们通过以物易物实现商品交换；一段时期后，人们开始使用金币或银币[①]交换货物，这为市场经济的出现奠定了基础。之后在数千年的封建制度下，市场的规模和范畴一直有限，人们对经济学所知甚少。到18世纪，工业革命推动了经济增长，情况开始发生变化，以亚当·斯密（Adam Smith）为首的经济学家提出，按照供需理论，市场的"看不见的手"会推动价格达到均衡水平。

在20世纪时期，经济学家使用复杂的数学工具科学地证明了亚当·斯密的理论，发现除了一些特殊情况，自由市场确实会带来最优结果。甚至正如一位专家所言"我们的苹果手机也是来自看不见的手"。

如今，金融从业者使用诺贝尔经济学奖得主建立的各种经济模型，以期科学精确地预测股市，管控风险，而决策者和公众则依赖经济学家的解读来正确理解复杂的社会问题。经济学涵盖内容广泛，既包括不胜枚举的方法，也包括一般性的框架，帮助人们理解经济和生活的各个方面，甚至还能帮助人们提高保护环境的意识和理解幸福的真谛。因此，经济学如今的地位可谓是举足轻重。

当然，我们现在有时间吸取2007—2009年全球金融危机的教训，从教训中汲取经验，只有实践才能检验真理。

---

① 金、银等金属货币之前，人们还用过贝壳等作为货币。——编者注

货币起源于古代的信用体系，而非钱币本身。自古以来，人们就在思考经济学问题，而古代经济学中的很多学说，如"公平价格"问题，都被现代经济学家忽视了，但它们恰恰是如今尤为重要的问题。

"供求法则"并不是一成不变的定律；科学也无法证明"看不见的手"的存在；其实我们的苹果手机来自工程师；经济学家的公式虽然得了诺贝尔经济学奖，却险些让经济体系毁于一旦；而且人们普遍认为，如果经济学家不能预测金融危机，那经济学家恐怕也不能阻止环境危机的发生。

最重要的是，经济学不是一门客观性的学科，而是人类对经济理论的探寻，这些理论既能反映当前的社会环境，同时也会塑造社会环境。可以说，经济模型就是关于世界的故事，透过故事，我们既能一瞥讲故事的人，又能从中看到现实的影子（有时候老故事才最精彩）。

这样说不是为了打击你对经济学的兴趣，反而是要鼓励你勇往直前，毕竟经济学的重要性与日俱增。

当今世界面临着许多错综复杂的问题，每个问题都与经济学有着千丝万缕的联系，要解决这些问题，我们就需要以新的思维去看待经济学。

其中一个就是不平等问题。自诩为富豪的美国商界领袖尼克·哈努尔（Nick Hanauer）在2014年的TED[①]演讲中提醒自己的"富豪同仁"："如果财富、权力和收入继续集中在金字塔尖的极少数人手里，那我们的资本主义民主社会将沦落为新封建主义食利社会。"果真如此的话，人们恐怕很快要重拾千年前的经济学说，从中寻找应对之策了。

另一个是金融不稳定问题。金融危机让人们意识到，现有的经济模型不仅无法预测金融

[①] TED 指技术（Technology）、娱乐（Entertainment）、设计（Design）在英文中的缩写，是一家美国私有非营利机构，并以它组织的 TED 大会著称。——编者注

前言

危机，还给人们一种安全的错觉，从而助长了金融危机的发生。

最后，气候危机提出了一个重视增长的传统经济学似乎无法回答的问题——增长是否存在极限？

幸运的是，回顾历史，经济学正是在这样的危机时期才取得了最大的发展。例如，1929—1933 年的经济大萧条催生了一种新的经济理论，2007—2009 年的全球金融危机也产生了类似的效应，因为在全球金融危机之后，为了寻找新的方法论，经济学研究延伸至从复杂性科学①到生物学等更广泛的领域。

本书是对经济学的概述，内容涉及传统经济理论及其缺陷、新经济理论及其应用。书中内容分为不同主题，各个主题按照粗略的时间顺序排列，但每个主题基本上都是独立的内容，读者可以从任意一处开始阅读。

诺贝尔化学奖得主、放射化学家、经济学家弗雷德里克·索迪（Frederick Soddy）认为经济学处于物质和意识之间。他在自己 1923 年出版的《笛卡尔经济学》（*Cartesian Economics*）一书中写道："经济学正处于这个中间领域，既不受电子的终极哲学影响，也不受意识的影响。经济学关注的是二者的相互作用，关注的是物理和心灵这两个世界中间的生活世界，以及这个世界中最日常的方方面面。"

那就继续读下去，一瞥这个神秘的世界吧。

---

① 复杂性科学是系统科学发展的新阶段，也是当代科学发展的前沿领域之一。——编者注

目 录

001　基础概念

- 002　什么是经济学？
- 003　经济学家是做什么的？
- 004　什么是财富？

005　历史概览（一）

- 006　古代经济学
- 007　经院学派经济学
- 008　封建主义
- 009　伊本·赫勒敦
- 010　复式记账法
- 011　重商主义
- 012　工业革命
- 013　亚当·斯密
- 014　看不见的手
- 015　古典经济学
- 016　卡尔·马克思
- 017　边际革命
- 018　新古典经济学
- 019　阿尔弗雷德·马歇尔
- 020　卡尔·门格尔
- 021　边际生产率
- 022　通货膨胀
- 023　通货紧缩
- 024　货币幻觉

025　微观经济学

- 026　理性经济人
- 027　公司
- 028　偏好
- 029　边际效用递减定律
- 030　需求
- 031　供给
- 032　弹性
- 033　供求法则
- 034　均衡
- 035　价格管制

036	无差异曲线	042	效率
037	消费者预算	043	市场失灵
038	经济剩余	044	垄断
039	无谓损失	045	买方垄断
040	机会成本	046	外部性
041	完全竞争		

047　历史概览（二）

048	经济大萧条	053	新古典综合派
049	凯恩斯	054	米尔顿·弗里德曼
050	倾向性	055	芝加哥学派
051	乘数	056	主流共识
052	长期和短期		

057　宏观经济学

058	宏观经济	069	债券
059	投资	070	收益率曲线
060	利率	071	信用评级
061	国内生产总值	072	债务
062	消费	073	税收
063	增长因素	074	死亡经济学
064	分工	075	物价指数
065	比较优势	076	负利率
066	托马斯·马尔萨斯	077	财政政策
067	稳态经济	078	新自由主义
068	货币政策	079	国际贸易

080	双边贸易差额	082	随机对照试验
081	发展经济学		

083　体系和制度

084	私有财产	089	混合经济
085	共有所有权	090	国际货币基金组织和世界银行
086	市场	091	劳动
087	自由市场经济	092	政府的作用
088	公有		

093　经济模型（一）

094	经济模型	102	囚徒困境
095	威廉·配第	103	阿罗–德布鲁模型
096	自由放任经济学	104	代表性主体
097	莱昂·瓦尔拉斯	105	DSGE 模型
098	帕累托法则	106	计量经济学
099	IS–LM 模型	107	经济不可预测性
100	菲利普斯曲线	108	综合气候经济模型
101	期望效用理论		

109　货币

110	货币史	115	法定货币
111	货币的两面性	116	部分准备金银行制度
112	符木记账	117	中央银行
113	黄金和白银	118	银行创造货币
114	纸币	119	恶性通货膨胀

120	债务和赤字	124	汇率
121	现代货币理论	125	欧元
122	量化宽松	126	信用卡
123	基本收入	127	数字加密货币

129　经济增长

130	新古典经济增长模型	133	人力资本
131	创造性破坏	134	新增长理论
132	商业周期	135	推动经济增长

137　金融

138	证券	144	对冲基金
139	股票	145	布莱克-舒尔斯模型
140	现代投资组合理论	146	衍生品
141	随机漫步理论	147	风险价值
142	有效市场假说	148	金融服务业
143	期权		

149　经济模型（二）

150	全球金融危机	156	复杂经济学
151	后危机时代经济学	157	系统动力学
152	行为经济学	158	代理人模型
153	认知偏差	159	进化经济学
154	前景理论	160	量子经济学
155	行为金融学		

161　挑战

162	土地	168	不稳定性
163	不均衡	169	超级全球化
164	托马斯·皮凯蒂	170	权力
165	增长的极限	171	性别
166	气候变化经济学	172	逃税
167	国内生产总值替代品	173	伦理学

175　术语表

179　进一步阅读

基础概念

什么是经济学？

传统上来说，经济学是研究稀缺性的科学。

目的和手段

1932年，英国经济学家莱昂内尔·罗宾斯（Lionel Robbins）写道[1]："经济学是一门系统研究各种目的与具有多种用途的稀缺手段之间关系的人类行为的科学。" 这种定义在现代教科书中时有出现。根据《经济学人》（The Economist）杂志，"经济学最简洁准确的定义是对社会如何使用稀缺资源的研究"。

沉闷的科学

19世纪时，维多利亚时代[2]的历史学家托马斯·卡莱尔（Thomas Carlyle）在一篇为奴隶制辩护的文章中称经济学是"沉闷的科学"，自此这便成为经济学的标签，其中一个原因就是经济学对稀缺性的重视。

货币学

本书给出了更简单的经济学定义，即经济学是对涉及货币的交易的研究。

但有些人认为，经济学是分析人类系统的一种方法。经济学家加里·贝克尔（Gary Becker）在文章中表达了对莱昂内尔·罗宾斯观点的赞同："经济学是研究如何有效地将稀缺资源配置于相互竞争的用途的学科。"但是，他把1976年的经济策略更通俗地解释为"最大化行为、偏好稳定和市场均衡的长期综合利用"。

在后文中我们将会了解到，经济学介于自然科学和人文学之间，是一系列学科的综合，包括心理学、社会学、会计学、应用数学等。

那我们可能首先要问：经济学家是做什么的？

---

[1] 出自莱昂内尔·罗宾斯出版于1932年的著作《论经济科学的性质和意义》（An Essay on the Nature and Significance of Economic Science）。——编者注
[2] 前接乔治王时代，后启爱德华时代，被认为是英国工业革命和大英帝国的峰端。时间跨度被定义为1837—1901年。——编者注

经济学家是做什么的？

经济学家会分析数据、研究趋势以及评估经济问题。他们可能供职于学术机构、企业、政府、智库、银行等。他们也会获邀参加新闻节目，解读当前的经济问题。

经济学家的生活

经济学家的薪水很高。2018年，美国经济学家的年薪中位数为104 340美元。相比之下，社会科学家的年薪中位数一般为78 650美元，而其他职业的仅为38 640美元。

经济学家可能会专攻不同的领域，比如：

- 微观经济学：研究个人和企业的行为。
- 宏观经济学：研究经济增长、失业率和通货膨胀等宏观问题。
- 计量经济学：研究数据的相关性或趋势。
- 金融学：研究投资、市场和风险。
- 产业组织：研究企业和市场的结构。
- 国际经济学：研究国际贸易、全球化的影响。
- 劳动经济学：研究就业和工资。
- 公共财政：研究政府在税收、预算等方面的政策。

杰出的经济学家

1924年，英国经济学家约翰·梅纳德·凯恩斯（John Maynard Keynes）写道："杰出的经济学家应该是天赋异禀的。他在某种程度上需要同时是数学家、历史学家、政治家和哲学家。他必须了解符号并能用文字将其表达出来。他必须从一般性的角度思考特殊性的事物，并且要同时顾及抽象和具体两方面。他必须要以史为鉴，研究当前，并着眼未来。人类的本性和体系全在他的研究范围之列。"所以经济学家薪水高就不足为奇了。

什么是财富？

经济学的一个基本问题是如何增加财富，但首先我们要知道什么是财富。

物质财富

衡量财富的一个指标是物质财富。在工业革命以来的200多年里，我们的物质生活有了显著的改善。

衡量经济繁荣程度的其他指标也都创了新高。我们现在拥有更多的东西，更精密的玩具和机器，远超历史上任何时期。

在19世纪早期，英国的人均预期寿命约为40岁（一部分原因是婴儿死亡率较高），而现在英国人的预期寿命约是当时的两倍。

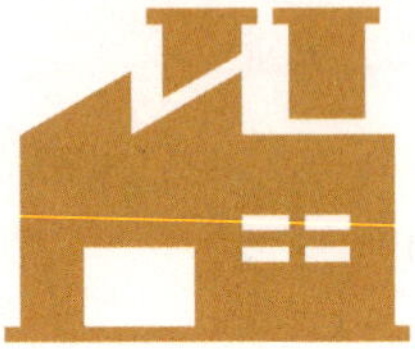

虚拟财富

经济学中还有另一种截然不同的财富，即虚拟财富。虚拟财富更侧重于利用产权创造财富的权力。例如，比尔·盖茨（Bill Gates）拥有Windows操作系统的控制权，他也因此变得极为富有。而开发开源代码（如Linux服务器操作系统）的程序员则很难成为亿万富翁。

经济学的运行就涉及真实财富和虚拟财富，货币则在其中发挥调节作用。货币体系将虚拟数字与真实商品和服务连接起来。

随着物质财富实现爆炸性增长，经济学的重要性也与日俱增。但我们应该记住，经济学只是起到了辅助性和解释性的作用，毕竟推动工业革命的是工程师，而不是经济学家！而且我在后文也会讲到，经济增长并不总是意味着广泛意义上的社会进步。

历史概览(一)

古代经济学

"经济学"一词源于希腊语中的oikos(家庭)和nomos(规则),所以"经济学"的意思是"家庭规则"或"家庭管理"。

色诺芬

色诺芬(Xenophon,约公元前431—前360)与柏拉图(Plato,公元前427—前347)是同时代人,他的作品《经济论》[①](Oikonomikos)是关于经济学的最早期著作之一。他在书中介绍了"良好的家庭庄园管理者的生意经"。当时,雅典的城市规模迅速扩张,城市繁荣度也日益增加,所以色诺芬认为完成复杂任务的最好方法就是劳动分工——这也正是亚当·斯密之后一直提倡的想法。

柏拉图

柏拉图在他的作品《理想国》(The Republic)里描述了一个由被称为"护卫者"的哲人王统治的乌托邦社会。为了防止经济腐败,这些"护卫者"不能拥有私人财产或金银器物,仅能得到维持生活的工资。所以,他们关注的不是自己的利益,而是整个社会的利益。

亚里士多德

柏拉图的学生亚里士多德(Aristotle,公元前384—前322)注意到,商人往往不是通过自己生产有价值的东西变得富有,而仅仅是通过交换行为或者放高利贷(借钱给他人以获取利息)就能变得富有。因此,他将政治学中的交换分为两种:为满足真实需求的"自然的"交换和仅以赚钱为目的的"不自然的"交换。

大家也会在后文了解到,时至今日,腐败和投机等伦理问题仍然是经济学领域的重大挑战。

---

① 也称《家庭管理》或《家政论》,书中讲述的是对家庭庄园的管理,集中反映了色诺芬的经济思想和对经济活动的主张,通常被认为是经济学著作。——译者注

历史概览（一）

经院学派经济学

中世纪的经院学派将亚里士多德的思想与基督教神学相结合，聚焦于伦理问题。

第一批大学

亚里士多德哲学是世界上第一批大学里的核心课程，例如在博洛尼亚大学（建于1088年）、巴黎大学（约1180年）和牛津大学（1096年）开设。

托马斯·阿奎那

托马斯·阿奎那（Thomas Aquinas，约1225—1274）加入了多明我会①做修士，并先后在巴黎和科隆执教。他强调希腊哲学的合理性，并写道："人有理性，正如世上有神。"他认为，交易应当以"公正的价格"进行，买卖双方都不能在胁迫下行事，也不能占对方便宜。

伦理问题

此类问题在今天仍然具有重要的现实意义。1986年，在一项研究中研究者对随机选择的加拿大人提出了以下问题：

"一家五金店一直以15加元的价格出售雪铲。大雪过后的第二天早上，商店把价格提高到20加元。你认为这一行为是完全合理、可接受、有点不合理还是非常不合理。"

82%的受访者选择"有点不合理"或"非常不合理"。不管是在中世纪还是在今天，消费者都不喜欢被欺骗。

---

① 天主教托钵修会之一，也称多米尼克派。——编者注

封建主义

经济学的产生往往受主流社会结构和信仰影响，而经院学派在一定程度上则是欧洲封建制度的产物，在当时的欧洲，金钱并不重要，土地和权力才最重要。

土地领主

国王将土地分封给领主，领主再将土地分给自己的附庸，作为回报，附庸在领主土地上耕作、为领主服兵役或向其提供一部分农产品。大片土地会被保留为集体管理的公有地，作为放牧用的草地和提供木材的林地等。最有权势的地主是教会，而且教会也主导着当时的货币和经济学思想。

伦理学

伦理学的重点不是效率，而是伦理。正如托马斯·阿奎那所说："慈善是所有美德之母，所有美德都由慈善孕育。"在过去，人们将贪婪视为不可饶恕之罪。

现在已经不是封建时代了，但是许多问题仍然存在。例如，如何管理好公共区域（如地球的大气层）已经成为近年来十分紧迫的问题。现在已经没有了土地垄断者，但却有了知识产权垄断者，这就是所谓的数字封建主义。

自2007—2009年的全球金融危机以来，越来越多的人开始呼吁再次将伦理问题纳入经济学。

伊本·赫勒敦

伊本·赫勒敦认为国家应禁止债务交易、收取利息和押注，同时也应该要求所有金融资产必须有实物资产做担保。

主张

人们一般认为伊本·赫勒敦（Ibn Khaldun，1332—1406）的许多思想都早于亚当·斯密。例如，他解释了如何在收获季节通过分工创造剩余价值："通过合作，数倍于个体的多人需求都能够得到满足。"

税收政策

伊本·赫勒敦还开发出一套劳动价值论（稍后会做讨论）和供求理论。罗纳德·里根[1]甚至还引用过赫勒敦对税收政策的看法。伊本·赫勒敦写道："众所周知，在王朝初期，较低的税率就能带来可观的收入；而在王朝末期，高昂的税率也只能带来微薄的收入。"里根补充说："我们就是希望实现低税率、高收入。"

伊本·赫勒敦的金融思想与现代金融体系截然不同，因为现代金融中涉及巨额债务的交易、利息的收取以及没有任何实物做担保的衍生品押注。

---

[1] 罗纳德·里根（1911—2004），1981 年至 1989 年担任第 40 任美国总统。——译者注

复式记账法

在15世纪，随着货币的使用日益广泛，人们有了记账的需求。我们所熟知的复式记账法就被数学家和方济各会①修士卢卡·帕乔利（Luca Pacioli）在1494年编入了他的《算术、几何、比例总论》（*Summa de arithmetica*）一书中，而在此之前，商人已经使用这种记账方法达一个多世纪了。

利润

从利润便可大致了解可盈利性。查尔斯·狄更斯的小说《大卫·科波菲尔》（1849年）中米考伯先生曾说："如果一个人每年收入20英镑，却只花掉19英镑6便士，那是令人高兴的事。反之，如果每年收入20英镑，却花掉20英镑6便士，那是令人痛苦的事情。"

资产和负债

这一项之所以如此命名是因为每笔交易都要记入两类账户：借和贷。一栏是资产，另一栏是负债。

这样有助于发现账目问题，因为所有账户的总贷项应与总借项相等。

当然，即便有这样的制衡机制的存在，会计师还是有办法做假账，或者至少把账面做得更好看些。2019年，英国旅游公司托马斯·库克集团（Thomas Cook Group）破产，其中一个原因是该公司被迫将"商誉"下高达11亿英镑的无形资产做了减值。

---

① 也称"小兄弟会"，天主教托钵修会之一。——编者注

重商主义

文艺复兴时期（14世纪至16世纪）出现了重商主义学说。这种学说提倡通过积累尽可能多的贵金属类"财富"，而非增加经济活动来增强和保持国家的影响力和实力。

高利贷

在这一时期，国家对高利贷的限制逐步放宽，导致了银行家的崛起，其中最值得一提的便是富有而强大的意大利美第奇家族①（Medici）。

零和博弈

就此而言，经济是一场零和博弈。东印度公司（East India Company）董事托马斯·孟②（Thomas Mun, 1571—1641）曾说过，"一人之失即是他人之得（或'此消彼长'）"。亚当·斯密后来也写道："这种学说让各国'以损人利己的方式获利'"。

美洲大陆

随着航运技术的进步，哥伦布（Columbus）等探险家的探索推动了新贸易路线的建立和世界贸易的爆炸式增长。在美洲大陆发现的看似无穷无尽的黄金白银源源不断地涌入西班牙等国家（不过有通货膨胀的问题）。

1503年，哥伦布在牙买加时写道："黄金太美妙了！谁拥有了黄金，谁就可以拥有他想要的一切。有了黄金，人们甚至可以一步登天。"

---

① 美第奇家族是15世纪至18世纪中期在欧洲拥有强大势力的佛罗伦萨名门望族。——译者注
② 英国晚期重商主义的代表人物，出生于伦敦的一个商人家庭，是英国的大商人。1615年担任东印度公司的董事。——译者注

工业革命

在18世纪中叶以前，人类的经济产出一直保持着相当稳定的水平。但工业革命开始后，欧洲和美国出现了新的制造工艺，情况随之发生了变化。

纺织、化工、冶炼、运输等行业都受到了工业革命的影响。工业革命涉及人们生活的方方面面，尤其是经济领域。

机械化

从手工生产转变为蒸汽动力机器生产，之后又转向机械化工厂生产。

机械化使得人们的收入和生活水平都大幅提高，人口增长率也有所提升。权力也从土地所有者转移到了资本（即机器和工厂）所有者手里。

时间轴

- 1760年，英国纺织工业开始实现机械化，极大地提高了生产力。
- 1781年，詹姆斯·瓦特（James Watt）改良了蒸汽机，并获取了专利，该蒸汽机很快被用于工厂里、蒸汽机船和火车上。
- 1793年，塞缪尔·斯莱特（Samuel Slater）在罗得岛（Rhode Island）上成立了美国第一家纺织厂，工业革命的浪潮跨越大西洋，来到了美国。
- 1793年，伊莱·惠特尼（Eli Whitney）发明了轧棉机，用机器代替手工来分离棉花纤维和棉籽。
- 1811年，卢德派（Luddites）袭击了英国的工厂，以抗议机器代替人力而使工人失业。

新制度

工业革命期间，工会和公司法等新经济制度也在不断发展，其中英国工会在1824年实现合法化。

历史概览（一）

亚当·斯密

亚当·斯密所提倡的经济学新方法重视自由竞争和经济增长，他的思想塑造了我们今日对资本主义经济的看法。

生卒年：1723—1790年

国籍：英国

学派：古典经济学

主要著作：《道德情操论》（*The Theory of Moral Sentiments*），《国富论》（*The Wealth of Nations*）

劳动即价值

什么是价值，这是经济学中的一个基本问题。重商主义者用贵金属的重量来衡量价值。但是亚当·斯密在工业革命初期对价值的描述认为最重要的是劳动量的转化。黄金或白银的价值会随着生产水平或通货膨胀等因素而发生变化。亚当·斯密虽然对重商主义者用金属来衡量价格的做法表示认同，但他认为价值应由劳动决定。

真实价格和名义价格

因此，亚当·斯密将"名义"价格和"真实"价格区分开来，以此来避免价值与价格间的影响。在1776年出版的《国富论》一书中，他写道："事物的真实价格，应该是想要获得该事物的人付出的真正代价，即在获得该事物的过程中付出的所有辛劳和经历的各种麻烦。"

对美国的影响

1776年，美国独立战争期间，亚当·斯密的思想对诞生不久的美国政府产生的深远影响持续至今。

例如，美国经济学家乔治·阿克尔洛夫（George Akerlof）称，美国的"主流思想"与"亚当·斯密的基本观点"一脉相承，而且这种观点至今仍"影响着大量政策的制定"。

看不见的手

"看不见的手"在《国富论》中只出现过一次,但却成为亚当·斯密最经久不衰的观点。他在关于贸易的一章中写道,市场中那只"看不见的手"发挥引导作用,让价格保持在正常水平。之后,美国经济学家保罗·萨缪尔森(Paul Samuelson)用这个表达来解释亚当·斯密的市场运作理论,使其变得更加广为人知。

自然价格

根据这一法则,市场机制会发挥引导作用,使资产的价格自动与其"自然价格"(即符合劳动价值的价格)趋于一致。如果某种商品价格太高,则会有更多的供应商进入市场,竞争会压低价格;如果价格太低,供应商就会破产或退出市场,之后价格就会上涨。

个人利益

"我们的晚餐并非来自屠夫、酿酒师或面包师的恩惠,而是来自他们对自身利益的关注。我们应重视的不是他们的人性,而是他们的利己心。我们不要与他们谈论自己需要什么,而是说说他们能得到什么益处。"

——亚当·斯密《国富论》

> 或者,如保罗·萨缪尔森在其1948年的《经济学》(*Economics*)一书中所说:"每个人在追求自己的个人利益时,都受一只'看不见的手'引导,以实现所有人的最佳利益。"

古典经济学

古典经济学一般指英国古典经济学，这一学派的创立者是亚当·斯密。

知名古典经济学家

我们在后文将会提到的一些古典经济学家包括：

- 托马斯·马尔萨斯（Thomas Malthus，1766—1834）
  他认为饥荒和疾病会限制人口增长。

- 让·巴蒂斯特·萨伊（Jean-Baptiste Say，1767—1832）
  因萨伊定律（Say's Law）为人们所知，该定律内容即"供给能够创造其本身的需求"（不过该定律内容并非由他提出）。

- 大卫·李嘉图（David Ricardo，1772—1823）
  他创立了国际贸易中的比较优势理论。

- 约翰·斯图亚特·穆勒（John Stuart Mill，1806—1873）
  他是功利主义的主要支持者。

机械定律

这些思想家与亚当·斯密一样，认为市场经济是由生产和交换的机械法则驱动的，同时会利用"看不见的手"进行自我调节。

工资的上涨和下降体现了劳动力需求的变化，而利率则会随着资本需求的变化而变化。

自由贸易

与重商主义者不同的是，古典经济学家还支持国家间的自由贸易。

从某种程度上说，他们受牛顿物理学说的启发，创立了机械定律。"看不见的手"就相当于经济学领域的万有引力定律，引导价格恢复到其自然水平。

同时，古典经济学家也认识到政府的重要作用，比如说防止垄断的形成和维护自由竞争的条件。

卡尔·马克思

德国哲学家和经济学家卡尔·马克思认为,在维多利亚时代的工厂和贫民窟中随处可见的社会不公正是资本主义的固有特征,这些不公正终将导致资本主义的灭亡。

生卒年:1818—1883年

国籍:德国

学派:马克思主义经济学

主要著作:与弗里德里希·恩格斯合著的《共产党宣言》和《资本论》(第一卷于1867年出版)

工人和业主

马克思认为,社会分为两个对立的阶级:拥有生产资料的资本家和除了劳动所产生的劳动价值外一无所有的劳动者。富有的资本家比劳动者地位更高,因此他们可以决定劳动者的工资和工作条件。

剩余价值

马克思深受古典经济学家的影响。事实上,正是他引入了"古典经济学家"一词,来与之后的"庸俗经济学家"有所区分。马克思与亚当·斯密一样,认为劳动是创造价值的唯一途径。但是,在资本主义中,劳动者生产的价值与他们获得的工资之间存在着差距,这种"剩余价值"就被资本家不公正地攫取,成为利润。

革命

马克思认为,随着时间的推移,资本会越来越集中,这将导致对工人的剥削和异化,并最终引发革命。他在《资本论》中写道:"资本主义私有制的丧钟就要敲响,剥夺者最终将被剥夺。"

历史概览（一）

边际革命

马克思在预言资本主义终将灭亡的同时，年轻一代的经济学家正在发起一场颇为不同的"边际革命"，为今天的主流理论奠定了基础。

边际效用

边际革命可以追溯至19世纪70年代早期，当时英国的威廉姆·斯坦利·杰文斯（William Stanley Jevons）、法国的莱昂·瓦尔拉斯（Leon Walras）和奥地利的卡尔·门格尔（Carl Menger）不约而同地提出，价值不应如古典经济学家所言那般以劳动来衡量，而应以效用来衡量，或者更准确地说，以边际效用来衡量。

幸福计算

效用这一概念源于哲学家杰里米·边沁（Jeremy Bentham，1748—1832），他将效用定义为增加个人幸福的特性。效用可以使用仿牛顿运动定律公式的"幸福计算法"来计算：

"等式的一侧是所有幸福的总和，另一侧是所有痛苦的总和。如果幸福多于痛苦，那么个人的整体状态良好；如果痛苦多于幸福，那么个人的整体状态不佳。"

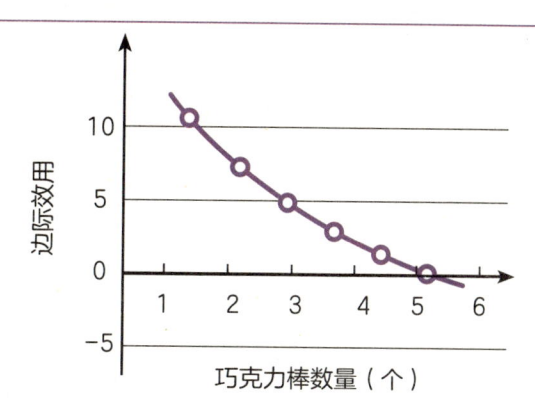

边际效用关注的是一个人目前的状态。例如，第十杯水的效用很可能小于第一杯水的效用（即边际效用递减）。

017

新古典经济学

根据效用理论，可以效仿牛顿力学对经济学"效用和自利机制"进行数学建模。这就是受物理学启发而产生的新古典经济学。

真正的科学

从劳动衡量价值到效用衡量价值，这种转变在一定程度上是因为金融和国际贸易对价格的影响越来越大，这与古典经济学中的劳动价值论并不一致。但是，这种转变也是为了让这个学科更科学。

衡量效用

效用被视为社会能量的等价物，以"效用单位"作为度量。当然，衡量效用跟衡量劳动价值一样均非易事，但是威廉姆·斯坦利·杰文斯认为可以通过价格来间接衡量效用。

威廉姆·斯坦利·杰文斯写道："如果经济学要成为一门真正的科学，就不能仅仅是研究各种类比，而应像其他系统性的科学一样，基于真正的公式进行推理。"

"我们无法了解和测量重力本身，正如我们无法测量感觉一样。但是，我们可以通过研究钟摆运动中重力的作用来测量重力。所以，我们也可以通过研究人类头脑做出的决定来估算感觉的对等或不对等。意志就是我们的钟摆，它的摆动都反映在市场价格的变化中。"

——威廉姆·斯坦利·杰文斯

历史概览（一）

阿尔弗雷德·马歇尔

阿尔弗雷德·马歇尔（Alfred Marshall）应该是最有影响力的新古典主义经济学家，他于1890年出版的《经济学原理》（Principles of Economics）直到20世纪50年代还是经济学课程的教科书。

- 生卒年：1842—1924年
- 国籍：英国
- 学派：新古典经济学派
- 主要著作：《经济学原理》（1890年）

供给和需求

阿尔弗雷德·马歇尔的教科书将许多核心概念融于一体，包括边际效用、供给和需求、弹性、经济剩余等。许多概念都可以用图表（稍后将细讲）说明，来展示供求基于价格的变化。阿尔弗雷德·马歇尔认为，消费者的需求通常会随着价格增加而下降，所以需求曲线向下倾斜，而供给曲线则向上倾斜。阿尔弗雷德·马歇尔把这两条曲线比作一把剪刀的双刃，二者同时发挥作用，形成均衡价格。

局部均衡

两条曲线的交叉点代表均衡价格，当达到均衡价格时，供给量和需求量刚好相等，市场出清。这种只考虑一种商品的一个市场的情况，称为局部均衡分析。至于均衡状态下存在多少相互关联的市场，莱昂·瓦尔拉斯随后给出了答案。

阿尔弗雷德·马歇尔还推广"经济学"一词来代指该领域，取代了"政治经济学"一词。

生物数学

阿尔弗雷德·马歇尔在《经济学原理》的序言中写道："经济学家的圣地在于经济生物学。但是，生物学概念比力学概念更复杂，所以，研究生物学基础的书必须重视生物学与力学的类似性，并经常使用'均衡'一词。"

卡尔·门格尔

奥地利经济学家卡尔·门格尔提出了另一种边际效用理论。

- 生卒年：1840—1921年
- 国籍：奥地利
- 学派：奥地利学派
- 主要著作：《国民经济学原理》（Principles of Economics，1871年）

主观价值

与边沁不同的是，门格尔认为效用无法客观地用"效用单位"来衡量。他支持主观价值论，认为效用是主观的，取决于个人，所以只有个人才能决定什么对自己最为有利。

因此，经济学关注的不应该是群体或集体，而应该是个人，因为只有个人才能做出行动和决策。

促进交易

钱物的交换并不意味着钱和物是等价的。相反，交易的意义在于人们可以用自己拥有的商品去交换他们所需的或价值更高的东西，这样双方都会获益。中间商的重要作用就是把买卖双方聚集在一起。

制度

门格尔认为，社会制度（如货币和语言的使用）是基于人类需求而自然产生的，不需要刻意地设计或规划。

门格尔是奥地利经济学派的创立者。后面我们也会看到，这一学派在经济学领域至今仍然举足轻重。

历史概览（一）

边际生产率

在美国，经济学家约翰·贝茨·克拉克（John Bates Clark，1847—1938）将边际效用理论应用于收益和生产率问题上。

自然法则

克拉克分析认为，所赚即所得。他在1899年出版的《财富的分配》（*The Distribution of Wealth*）中写道："社会收入分配受自然规律的支配……，如果自然规律顺利发挥作用，则每个生产主体都会获得其所创造的财富。"

长期

当然，这种均衡只能在长期内实现，短期内工人的工资肯定会有或高或低的浮动。克拉克将这种浮动比作海浪的起伏："由于大海宽广无边，所以这种海面上的起伏都只是微小的波动。"但是，"如果我们鸟瞰的话，基于一些'令人不安的原因'，我们会将海浪和洋流都视为轻微的异常。"

公平工资

对资本主义支持者来说，克拉克的结论恰当其时，因为当时的美国社会已经开始受马克思理论的冲击，正处于混乱状态。

后来的经济学家对克拉克的理论做了修改，将人力资本（例如教育）等因素也考虑在内，但是，我们后面会了解到，公平工资的构成问题仍无定论。

通货膨胀

通货膨胀指的是整体物价上涨导致货币购买力下降。通货膨胀是一个复杂的现象，但是通货膨胀出现的一个根本原因是货币供给量太多而商品供给量太少。

数量论

数量论，即货币数量论，是美国经济学家欧文·费雪（Irving Fisher，1867—1947）在他的交易方程式中提出的。该方程式为 $MV=PT$，其中 M 代表流通中的货币数量，V 代表货币平均流通速度，P 代表平均交易价格，T 代表总交易数量。

等式左边是流通货币总量，例如，1 英镑硬币在 1 年内流通 3 次，则交易中的总金额为 3 英镑。等式右边则是购买东西的总花费。

$$MV = PT$$

控制通货膨胀

费雪称，V 和 T 是固定不变的，所以平均交易价格 P 肯定与货币数量 M 成正比。

所以，正如波兰天文学家哥白尼（Copernicus，1473—1543）所说，要控制通货膨胀，只需控制货币供应量即可。（实际上并非如此简单，后文会解释。）

哥白尼向波兰国王建议："我认为，供应量太多的话，货币就容易贬值。"

所谓的"价格革命"也证实了哥白尼的这种看法，因为美洲大陆的黄金流入之后，西欧的物价开始上涨。

通货紧缩

通货紧缩与通货膨胀相反,在通货紧缩时期,物价不涨反跌。

金本位制

在金本位制[①]时代,通货紧缩时常发生,因为新黄金的供应速度有时会低于经济增长率。

在14世纪至20世纪的6个世纪里,英国的年均通货膨胀率仅为0.4%。而15世纪和19世纪时的年均通货紧缩率分别为0.1%和0.4%。

在19世纪的最后30年里,美国的年均通货紧缩率为-1.5%,因为技术和运输领域的进步推动了经济调整,美国从金银复本位制转向金本位制,导致铸币短缺。

经济大萧条

轻微的通货紧缩似乎并无坏处,尤其是在经济增长期。然而,在1929—1933年的经济大萧条时期,美国物价下跌了24%,实际国内生产总值(GDP)下降了30%。在这种情况下,通货紧缩会产生一个正反馈循环:人们认为物价还会继续下降,所以暂时不去购买商品,这会导致经济活动减缓,通货紧缩进一步加剧。

在高负债时期,通货紧缩尤其危险,因为物价(比如房价)虽然会下降,但是债务(比如房贷)却不会减少。

[①] 即以黄金为本位币的货币制度。——编者注

货币幻觉

"货币幻觉"是指人们往往只考虑货币的名义价值，而不是经通货膨胀调整后的实际价值。

费雪方程式

根据费雪方程式，如果名义利率或观察到的利率为 n，通货膨胀率为 i，则实际利率为 $r = n - i$。因此，如果把通货膨胀考虑在内的话，实际利率可能低于名义利率。

受货币幻觉影响，人们很难弄清楚过去的成本与现在的成本之间的关系。例如，以购入价两倍的价格卖掉房子是否合理，或者企业应该如何涨价而不会失去客户。

没有通货膨胀

费雪在他那个时代非常有名，他写过很多篇文章，也做过很多场演讲，内容涉猎领域广泛，包括股票市场。

然而，1929年，股市大崩盘之后，费雪名声扫地，倾家荡产。就在股市灾难发生前几天，他还坚称"多数证券价值都没有出现膨胀"，直到数月后，他仍在向投资者保证说这一切都只是暂时性的。

最终，道琼斯工业平均指数暴跌89%，那些投资者自以为已经赚到口袋里的钱原来都只是幻觉。

微观经济学

理性经济人

微观经济学关注的是个体交易，其核心是理性经济人（Economic Man/Homo Economicus）概念。理性经济人一直在经济理论中处于主导地位。

利己主义

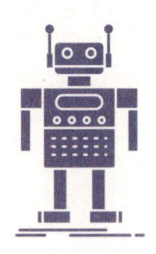

新古典主义经济学家在经济模型中所做的假设是，人们会如机器般理性行事，以实现自我效用最大化。英国经济学家弗朗西斯·埃奇沃思（Francis Edgeworth）在1881年出版的《数学心理学》（Mathematic Psycholists）中写道："经济学的第一条原则是，每个经济代理人都仅受自利的驱使。"

普遍恐惧

当然，理性经济人只是一种夸张的表达，但此概念问世以来，经济学家们就对其避之不及。1932年，英国经济学家莱昂内尔·罗宾斯说："如果人们都能认识到经济人只是一个解释性的工具……，那也不会对这个概念普遍恐惧了。"

预知未来

然而，理性经济人仍将在经济理论化中占据重要地位。经济人最极端的形式应该是20世纪50年代的福利经济学第一定理，根据这一定理，经济人似乎拥有了预知未来的能力，而且认为如果任由市场自由发展，市场就能实现稳定和最优均衡。

今天，理性经济人概念仍然在经济模型中发挥着重要作用，但是越来越多地受到行为经济学家和女权主义经济学家的质疑，因为他们认为这个概念被性别化了。

公司

理性经济人模型显然不能真实反映人类的行为。但是，另外一个实体在设计上似乎更接近人类的行为，即公司。

有限责任

有限责任，即公司的投资者不用承担公司债务或其他义务[①]。有限责任公司于19世纪诞生时，是作为一种特殊形式来吸引人们参与风险投资的，例如投资保险或运河建设，但是很快公司就随处可见了。

公司人格

1886年，美国最高法院还裁定，公司在法律上具有"公司人格"，享有一些人的权利，包括言论自由。

股东至上

1919年，在道奇诉福特汽车公司案（Dodge vs Ford Motor Company）中，密歇根州最高法院裁定，在经营福特汽车公司时，亨利·福特（Henry Ford）必须首先考虑股东的利益，而不是客户或员工的利益。这一案例催生了"股东至上"的理念。

1962年，米尔顿·弗里德曼[②]（Milton Friedman）说："如今，越来越多的公司将履行企业社会责任置于首位，为股东赚取最大利益则退居其次，这种趋势彻底地破坏了市场的根基，实为少见。"

[①] 目前，对股东的有限责任，法学界尚有以下3种不同观点：1.认为股东有限责任就是公司（法人）有限责任；2.认为股东有限责任是股东对债权人所负的责任；3.认为股东有限责任是指股东以其出资额为限对公司承担责任。——译者注

[②] 美国著名经济学家，1976年诺贝尔经济学奖得主，被广泛誉为20世纪最具影响力的经济学家之一。——译者注

偏好

每一个人（包括理性经济人）只有知道自己想要什么，才能优化自己的效用。因此，经济学家认为人们有自己固定的偏好。

基数效用

偏好有多种建模方式。其中一种就是基数效用理论，这种理论假设效用可以用量级来衡量，比如一些"效用量"。杰里米·边沁和早期新古典主义经济学家采用的就是这种方法。现在这种方法已基本过时，但在风险决策等领域仍在发挥作用。

序数效用

随着新古典经济学不断发展，维尔弗雷多·帕累托（Vilfredo Pareto）和后来的保罗·萨缪尔森等经济学家意识到，他们的理论如果要成立，那必须要假定消费者能够对自己的偏好进行排序，这就是序数效用方法（ordinal approach to utility），其中"ordinal"一词源于拉丁语中的"ordo"，即"顺序"。

显示性偏好

经济学家也谈到了显示性偏好，即人们怎么说并不重要，怎么做才重要。因此，通过观察人们愿意为某物付多少钱，我们可以来推断效用。

标准经济模型假定偏好是不变的，但是，在现实中，偏好会随着时间和环境而变化。否则，营销员就要失业了。

边际效用递减定律

根据"边际效用递减定律",消费者每单位商品所获得的效用随着获得的单位数量增加而减少。

凡事皆有极限

举一个极端的例子,如果你的电视机坏了,再买一台即可,但再买两台的话就有点多了。喝一杯红酒很惬意,喝五杯可能就会宿醉了。一般来说,一个物品的有用程度是有限的,越接近极限,边际效用就会降得越低。

收益递减

生产也是如此。如果工厂要求工人的工作时间增加一倍,则生产率可能会下降。如果工人数量增加一倍,那产量可能也不会翻倍,因为工厂将变得拥挤不堪。这就是"收益递减规律"。

规模经济

这些"定律"对古典经济学家很重要,能帮助他们理解供求关系。然而,他们也知道会有很多例外。例如,在规模经济中,生产的产品越多,单位产品的价格就越低。但在数字经济中,软件工程师生产一个软件程序的单个副本所需的劳动力工作量与生产无限数量的软件程序所需的劳动力工作量相同。

需求

需求是指人们购买某种商品的欲望，欲望的大小以所需商品的数量多少来衡量。

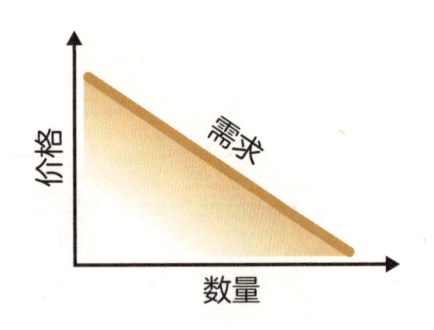

需求曲线

需求量会随着价格水平的变动而变化，通常用理论曲线来表示，以显示所需商品的数量如何随着价格的变化而变化。需求曲线可以代表个人的需求，也可以代表一大群人的需求总和，即总需求曲线。

曲线向下倾斜

一般来说，曲线是向下倾斜的，因为当价格下跌时，需求往往会增加。对个人而言，边际效用递减就表示需求随数量增加而减少。但有一些事物例外，比如奢侈品，因为奢侈品的昂贵正是人们需要它的理由。

需求弹性

曲线的斜率与需求弹性相关。非弹性商品包括主食或药品等必需品，以及一些不易被替代的商品。而电影票之类的非必需品则对价格更加敏感，因此属于弹性商品。

需求变化

要改变人们对某一商品的需求，可以调整其价格，例如降价促销。但是，如果市场发生变化，如出现经济衰退，则需求也会发生变化。

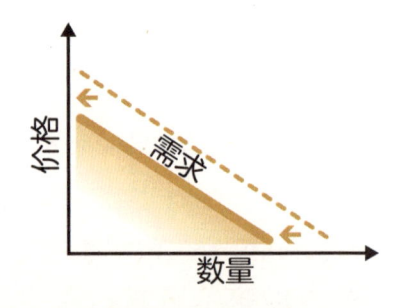

需求侧经济学

消费需求是经济的主要支柱，所以政府决策者投入大量精力调整需求，包括实施财政政策（即政府支出）或货币政策（如调整利率）。

供给

供给是指生产者向市场提供的商品数量。

供给曲线

供给曲线和需求曲线都是古典经济学中的工具,今天的经济学家仍在使用(但是两条曲线都存在测量方面的问题,这一点我们在后文会提到)。同样地,这条曲线既可以反映某一家公司的情况,也可以反映整个行业的情况。

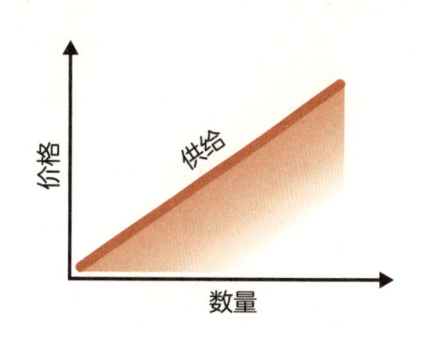

曲线向上倾斜

一般来说,供给曲线是向上倾斜的,也就是说供给随价格的上升而增加,反之亦然。对于个体公司来说,"收益递减规律"意味着如果公司扩大经营规模,开展额外业务,公司效率就会降低,商品价格就会上涨。从总体层面上来说,更高的价格将吸引更多的生产者进入市场,导致供给增加。

供给弹性

供给弹性也与曲线斜率相关。例如,如果生产一件数字产品没有增加额外成本,则这个产品就具有无限弹性。

供给变化

与需求一样,供给也受价格以外的因素影响,如生产成本和经济的总体状况。例如,技术创新可能会提高生产率,供给曲线右移。

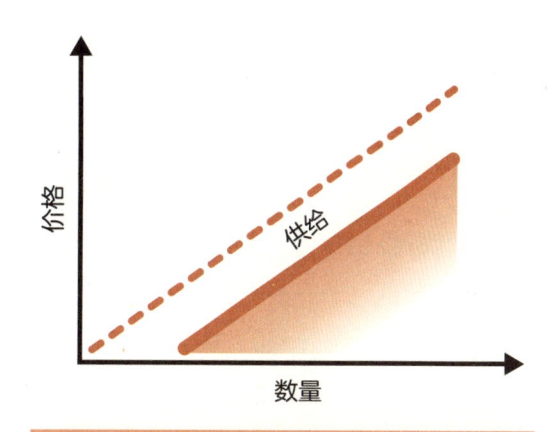

供给侧经济学

政策制定者既会采取措施刺激需求,也会采取减轻企业和消费者的税收和监管负担等手段增加供给。

弹性

古典经济学中有一个沿用至今的关键概念，那就是弹性。弹性指的是经济变量对变化的敏感度。

价格

如前所述，价格弹性衡量的是商品供给量或需求量随价格变动而变化的程度。我们假设价格发生了一定比例的变动，比如说10%，那如果商品数量的变化大于10%，该商品就具有价格弹性；如果商品数量的变化小于10%，则该商品就不具有价格弹性。

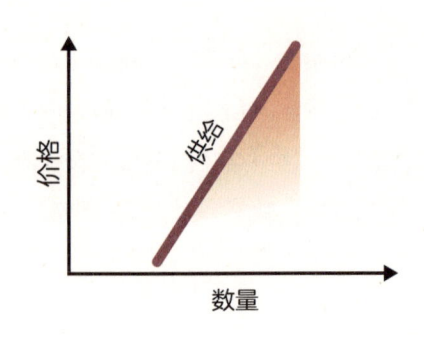

收入

另外还有收入弹性，用来衡量收入增加时需求的增加量。奢侈品富有收入弹性，因为商品需求与收入密切相关。

替代

替代弹性衡量的是一种生产成本转变为另一种生产成本的难易程度，例如，是否可以解雇工人，用机器人取而代之。

注意

弹性的概念是假设经济变量之间的关系近似线性，但情况并非总是如此，我们将在后文进一步讨论。

交叉弹性

最后，需求交叉弹性衡量的是一种商品的需求量受另一种商品价格变化的影响。例如，如果节能汽车的需求量随着燃料成本的增加而增加，那么交叉弹性是正值。这时，节能汽车和燃油汽车这两种商品互为替代品（你可以花更多的钱买燃料，或者买节能汽车）。如果交叉弹性是负值，那么这两种商品称为互补商品。

供求法则

把供给曲线和需求曲线放在一起,由此得出需求、供给、价格三者之间客观存在的关系,被称为"供求法则"。

图形表示法

供求曲线的概念最早由法国数学家和经济学家安东尼·奥古斯丁·库尔诺(Antoine Augustin Cournot,1801—1877)提出,但是我们今天使用的图表源于工程学教授弗莱明·詹金(Fleming Jenkin,1833—1885)在1870年发表的一篇论文[①]。

在下图中,需求曲线向下倾斜,供给曲线向上倾斜,这种图表是新古典主义经济学家阿尔弗雷德·马歇尔推广开来的(也叫马歇尔交叉图),至今仍在经济学入门教材中占有重要的地位,而且它经常用于支持决策,在经济数学模型中发挥着关键作用。

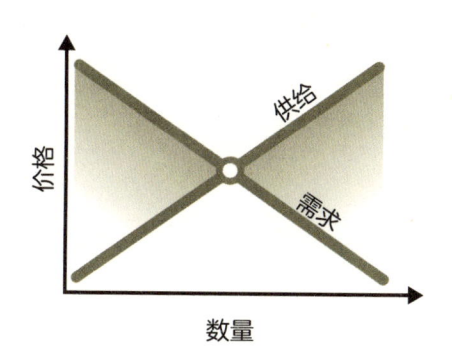

可辨识性

但问题是,供给曲线和需求曲线不能分开测量,因为交易中同时涉及供给和需求(在数学上,这叫可辨识性问题)。因此,图形只是一种理论架构。

最佳均衡

根据"供求法则",供给和需求在一个独特的均衡点相交时,代表市场出清,净效用最大。如果生产量超出这个水平,价格就会低于生产成本,导致商品价值下降。

所以,这个图表就相当于亚当·斯密"看不见的手"的图形版本,消费者和生产者的行为会将价格推到一个稳定点,这个点反映了商品的内在价值。

[①] 在《以图形表示供给和需求》(On the Graphical Representation of Supply and Demand)这篇论文里,作者在"引入图表到英国经济学文化"部分绘出第一条供给曲线和需求曲线。——译者注

均衡

古典经济学和新古典经济学中都有的一个关键假设，就是市场力量推动价格达到稳定的均衡点。

其他条件均相同

在其他条件均相同或其他条件不变的情况下，这种平衡被假定为保持不变（经济学中经常用这句话，表示两个变量在其他条件不变的情况下某些关系就成立）。但是，如果外部因素改变了需求或供给曲线，则均衡状态就会有所调整。

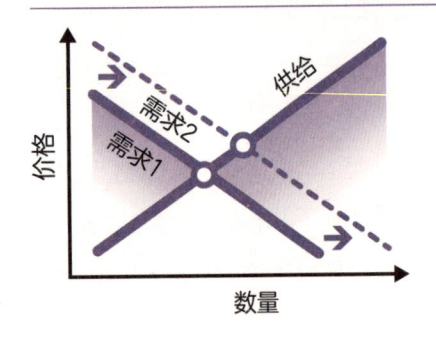

需求变化

假设政府支出导致需求曲线右移，但供给曲线保持不变。这样一来，均衡点就会产生变化，移动到需求更高、价格也更高的位置。

供给变化

相反，如果生产者削减产量，导致供给量降低，则供给曲线就会左移，但需求曲线保持不变。因此，均衡点会移动到需求更低、但价格更高的位置。

所以价格变化可能是多种经济力量综合作用的结果。

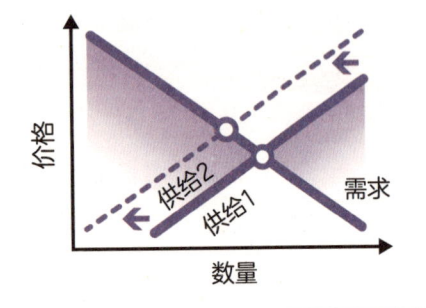

复杂性

虽然供求关系图暗示了稳定的均衡价格是存在的，但是供给和需求在相互影响下会导致极其复杂的情况。研究复杂性的科学家认为，股票市场之类的体系还远远没有达到均衡状态。

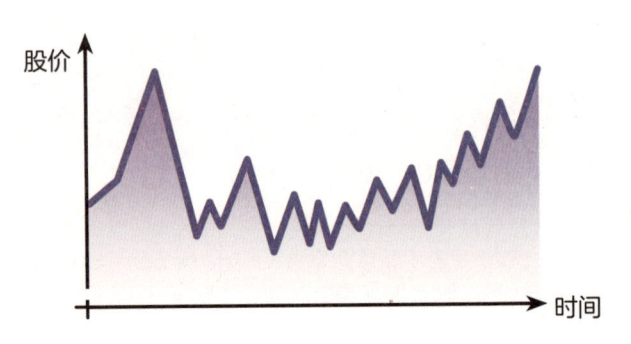

价格管制

政府有时候会使用价格管制来将价格保持在合理的水平。

最低工资

大多数工业化国家都制定了最低工资标准作为企业向工人支付工资的下限。确定最低工资是为了避免企业对工人的剥削。

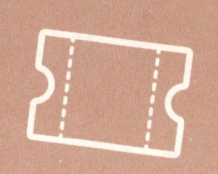

租金管制

此外,租金管制也是价格管制的一种方法。政府有时会设置租金限额,或者限制租期内租金的年上涨幅度。

市场扭曲

经济学家一直认为,这种善意的干预是对最优均衡的扭曲。

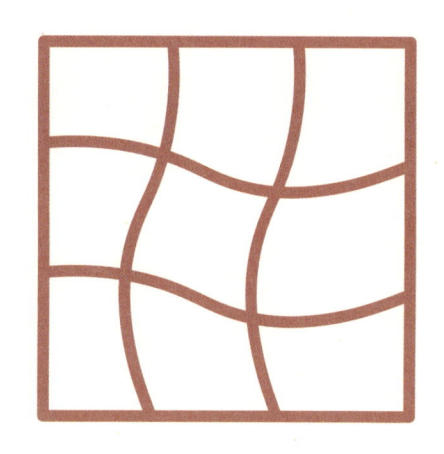

经济刺激

然而,这些状况分析起来很复杂。提高工资或限制租金来增加低收入者的收入,也可以看作是经济刺激,因为这类人更倾向于将这笔收入花掉而不是存起来。例如,一些实证研究表明,若"最低工资"政策落实甚至会给就业带来明显的积极影响。

根据供求法则,人为抬高劳动力价格将导致劳动力需求下降。而租金管制之下,房东可能会出售自己的房产,导致租房供给减少。

无差异曲线

无差异曲线显示的是两种商品的数量，曲线上每个点的效用都是相同的。

无差异

因此，曲线代表何种商品对消费者来说并无区别。这种曲线图最早是维尔弗雷多·帕累托等新古典主义经济学家提出的。

完全替代品

假设 1 盎司①黄金比 1 盎司白银贵 50 倍，如果 1 盎司白银的效用为 1，则 1 盎司黄金的效用为 50。所以，要获得 10 效用，就要持有：

黄金（盎司）	白银（盎司）
0	10
0.05	7.5
0.1	5
0.15	2.5
0.2	0

据此就可以画出一条直线。

二者混合

在这个例子中，我们假定两种商品是彼此的完全替代品。但是，更多的时候，人们会希望二者兼得。在这种情况下，曲线将凸向原点，代表效用更大的商品。

曲线的斜率代表消费者对两种商品的权衡取舍。

和供给和需求曲线一样的是，无差异曲线既可以反映个体情况，也可以反映群体总和的情况。

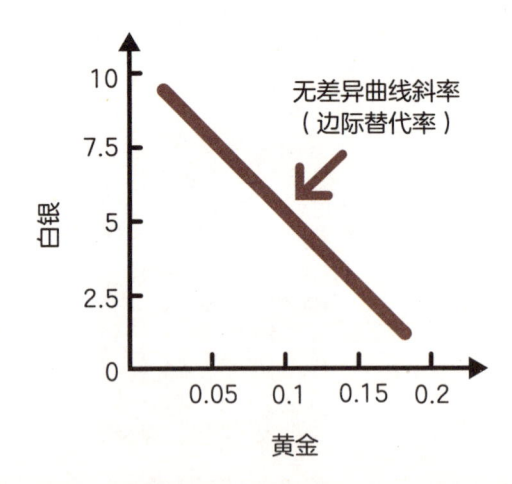

批评

根据无差异曲线，经济学家可以基于偏好排序而非效用数值建模。但问题是，无差异曲线与供给和需求曲线一样，也是理论架构。约瑟夫·熊彼特（Joseph Schumpeter）曾说道："从实践角度看，完全虚构的无差异曲线与完全虚构的效用函数差别并不大。"

---

① 盎司既是质量单位，又是容量单位。本书中 1 盎司贵金属为 28.35 克。——编者注

消费者预算

消费者预算是消费者必须支出的总金额。

预算线

如果我们绘制几条总效用水平不同的无差异曲线（凸向原点），我们得到的是一组不相交的嵌套曲线。假设消费者对两个商品设定了总预算，则可以在图中加上一条向下倾斜的直线（即预算线），这条线上任意一点的成本相同。

无差异曲线与预算线相切的点代表这两种商品的最优均衡点，因为预算线上其他任何点的总效用都比该点低。

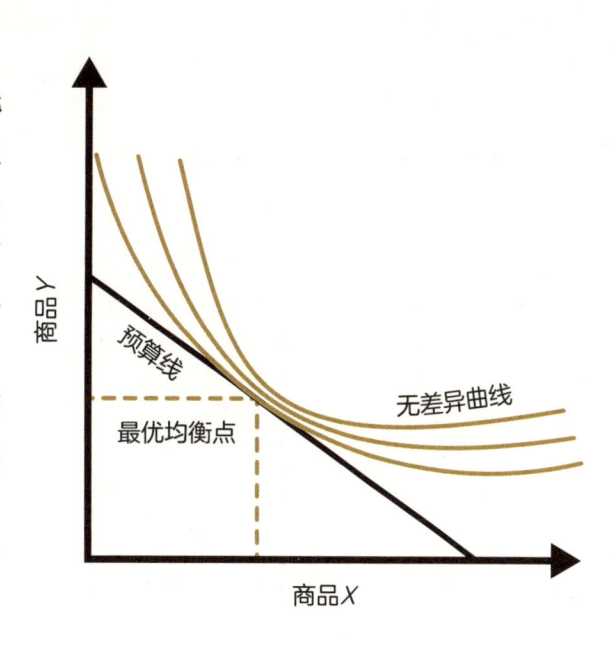

最优均衡

最优均衡点也是每种商品边际效用（即最后一块钱的效用）相等的点。

需求

商品在特定价格下的需求相当于该商品与其他商品的组合进行比较得到的最优均衡点的需求数量（然后选择花钱购买该商品或其他商品）。构建需求曲线的过程至少在理论上也是如此。

经济剩余

消费者剩余是消费者愿意支付的价格和实际支付价格之间的差额。

消费者剩余

假设同一件商品你买了10件。需求曲线往往是向下倾斜的,也就是说你买第一件商品的价格本来应该是更高的。但是你实际支付的价格是较低的,所以从理论上说,你以优惠的价格买到了第一件商品、第二件商品,以此类推。

生产者剩余

同样,供给曲线往往是向上倾斜的,从理论上说,生产者销售第一件商品的成本本来应该是更低的。所以,如果生产者向你出售10件商品,就会产生生产者剩余,这些剩余就成为公司利润。

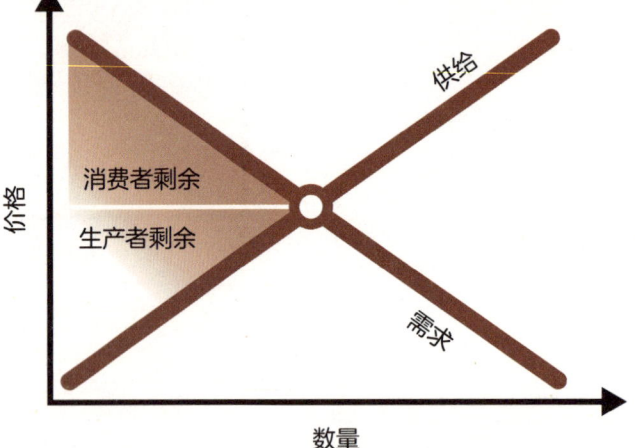

经济剩余,也叫社会总福利或马歇尔剩余(以阿尔弗雷德·马歇尔命名),是总体经济中消费者剩余和生产者剩余的总和。通过经济剩余可以大致了解生产和贸易带来的总收益。

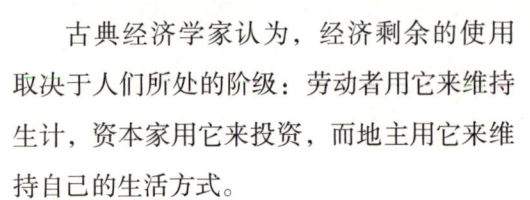

古典经济学家认为,经济剩余的使用取决于人们所处的阶级:劳动者用它来维持生计,资本家用它来投资,而地主用它来维持自己的生活方式。

如果没有经济剩余,那贸易可能会逐渐停滞。而商人想要诱使消费者支付更高的价格,来把消费者剩余转化为生产者剩余。

无谓损失

政府的价格管制或税收等行为会改变供求关系,并且可能会造成无谓损失,导致总经济剩余减少。

税收

例如,对汽油征收碳税会增加成本,导致供给曲线发生垂直变化。这种情况下,总经济剩余包括生产者剩余、消费者剩余和税收。然而,如图所示,总剩余水平是低于不征税时的水平的,缺失的这部分就称作无谓损失。税收降低了贸易总额,所以就产生了无谓损失。"无谓"是因为交易中任何一方都没有获益(当然在本例中,碳税对地球是有益的)。

就经济效率而言,看似无谓的损失有时候能让经济体系更稳固。

无谓损失的估值取决于需求和供给曲线的(理论)形状,所以会受到弹性等因素的影响。

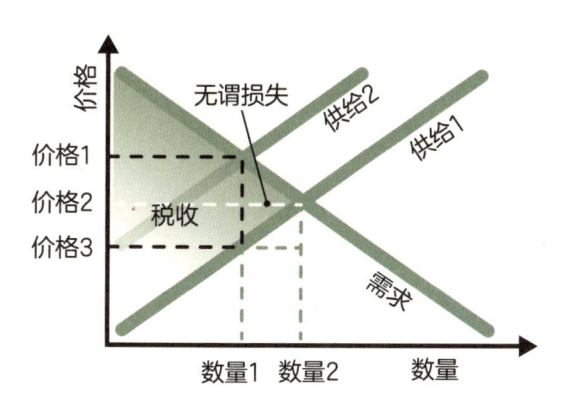

原因

造成无谓损失的原因可能是垄断、价格管制、关税、配额、补贴等其他因素。如果价格被人为压低,没有覆盖实际生产成本的话,就会产生另外一种无谓损失。例如,如果一家工厂没有妥善处理废弃物(这样可以降低成本),那就可以在一定程度上降低产品价格。

1993年,报纸上一篇报道称,圣诞节就是典型的无谓损失。因为,该报道认为人们购买礼物的开支实际上是浪费,怪不得人们说经济学是沉闷的科学了。

机会成本

机会成本是我们做出一项选择时失去的潜在收益。例如，你现在选择了花时间来读这本书，但你本可以利用这个时间去赚钱（当然除非你是在工作时间读的）。

破窗理论

"机会成本"这一概念是法国经济学家弗雷德里克·巴斯夏（Frédéric Bastiat, 1801—1850）提出的[1]，不过他并没有使用这一表达，而是用一则寓言来解释这一概念的。

这则寓言讲的是一个小男孩打破了一位店主窗户的故事。很多人对店主说，虽然他要花六法郎来修理窗户，但至少对玻璃工来说是好事。

不过，巴斯夏指出："大家没有意识到的是，店主把六法郎花到这上面，就不能花到其他东西上了。如果他不用更换窗户，那他就可以换双新鞋或者买本新书。简而言之，他本可以把这六法郎花到别处，但是发生了这个事故后就只能把钱花到这上面。"

自然灾害

同样地，在发生自然灾害后，重建工作看似可以推动经济发展，但实际上也会产生机会成本。

---

[1] "机会成本"由巴斯夏提出概念，由奥地利学派早期经济学家弗里德里希·冯·维塞尔（Friedrich von Wieser）创造出来。——编者注

完全竞争

市场压力会推动价格达到最优均衡点——支撑这种观点的假设是市场能够实现完全竞争。

条件

完全竞争的条件包括：
- 产品同质化，各个供应商的产品没有区别。
- 市场上有许多生产者和消费者，但没有一个规模大到或实力强到可以控制价格，他们都是价格的接受者，而不是价格的制定者。  
- 市场上没有人为设置的新公司进入壁垒，也没有政府干预造成的扭曲。
- 每个人都可以获得有关市场状况的全面信息。
- 买方理性行事，以优化其效用；卖方理性行事，以实现其利润最大化。
- 交易成本为零。
- 人们可以自由地、毫无成本地到任何地方。

正常利润

竞争压力导致企业只能赚取所谓的"正常利润"，这也是以可持续方式开展业务的成本。市场可以实现"有效配置"，也就是说边际收入（即增加一单位产出的收入）等于市场价格，所以生产完全反映了消费者的偏好。

当然，现实中并不存在这样完全竞争的市场，也许最接近的是诸如小麦交易之类的商品市场，在这个大市场中，许多农民提供的是比较单一化的产品。外汇市场也是如此（但讽刺的是，这两个市场往往都很不稳定）。因此，在经济学中，完全竞争市场是一种理想化状态，可以作为真实市场的参照标准。

效率

在物理学或工程学中，一个过程的效率等于有用功与总功（所消耗的总能量）之比。但经济学中存在多种效率，用以描述完全竞争市场的性质。

配置效率

有效配置指价格（用于衡量消费者购买产品所获得的好处）等于边际成本。

生产效率

有效生产指商品的生产过程中没有浪费。从长远来看，在完全竞争的市场上，商品的生产和销售成本都是越低越好。如果公司收取更高的费用，竞争对手就会进入市场并抢走业务；但是如果收费过低，公司就会破产。

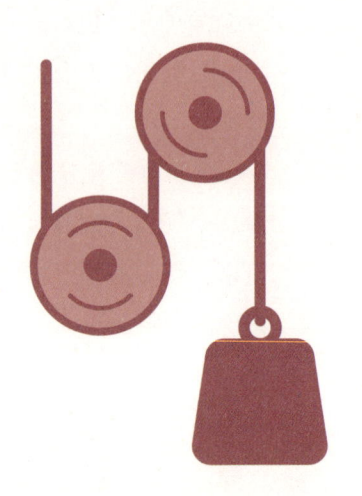

帕累托效率

帕累托效率是以新古典主义经济学家帕累托命名的，它指的是如果情况发生变化，会导致至少一人的状况变得更糟。这只是一种理论说法，因为在现实生活中，发生变化后就会有人获益，有人受损，但这也是经济理论的重要组成部分。

有效市场

最后，还有一个有效市场假说。根据这种假说，市场资产的定价是正确的，至少没有人能够给出比市场更准确的估值。

市场失灵

市场失灵是市场无法有效配置资源的原因的统称。

市场失灵的原因

- 垄断，即滥用市场势力；
- 外部性，不由市场承担成本的因素（如污染）；
- 公共物品，社会成员共享物品，所有人均可获益。（所以灯塔往往由国家管理）；
- 信息不对称，这将影响人们做出最优决策的能力。

政府失灵

政府可以通过法规、税收、补贴或其他政策措施来解决这些失灵问题。然而，政府也会造成市场失灵，被称为政府失灵。

例如，政府制定不合适的价格管制措施以操纵经济，或者以低效的方式分配资源来把私人投资"挤出去"。另外，政府也受任人唯亲和腐败等问题的影响，甚至有的人希望通过操纵经济获取短期选举利益。

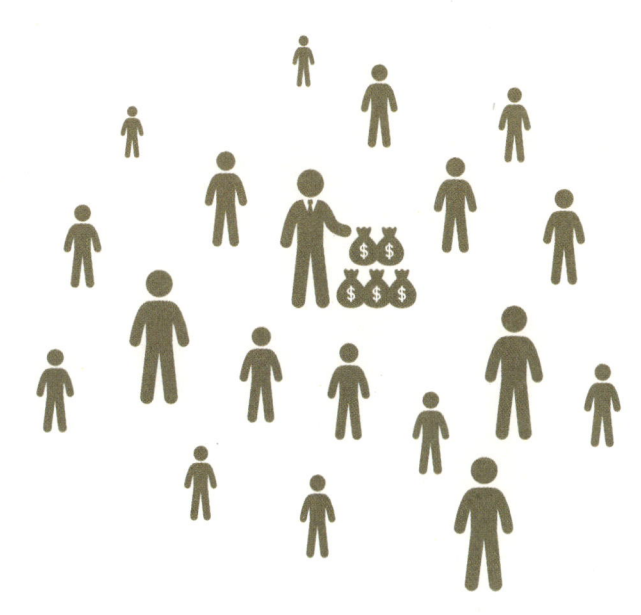

"市场失灵"这个词有些意有所指，因为它暗含的意思是，市场在自然状态下是完全竞争的，但是事实并非如此。一些经济学家表示，市场会自然地走向不平等，而且市场势力和获取信息的渠道会变得越来越集中。

垄断

与完全竞争截然相反的就是垄断，在垄断情况下，市场上只有一家供应商，且该供应商完全控制价格。

市场控制

如果一家公司占据垄断地位，它往往会在限制供给的同时提高价格，以此来少工作、多赚钱。

（王座图）

有些公司的垄断地位是政府颁布法令授予的。例如，1600年，英国东印度公司成立后就占据了贸易垄断地位，任何打破垄断的竞争者都会被没收船只和货物，并被监禁在"皇家游乐场"。

自然垄断

所谓的"自然垄断"指的是一个市场存在较高的进入壁垒，比如像铁路一样成本高昂的基础设施或网络建设。

垄断性竞争

另外一种更常见的情况是垄断性竞争，即少数公司瓜分市场。著名投资人沃伦·巴菲特（Warren Buffett）的一个关键投资策略是，寻找有"护城河"的公司，它们能将竞争对手拒之门外。

反垄断立法

政府的一个作用是对垄断实施管制，可以通过反垄断立法打破垄断，也可以通过价格管制应对自然垄断。

当然，政府也想要维持自身在一些领域的垄断地位，如法定货币。

买方垄断

买方垄断指的是市场由唯一的一个买方主导。买方垄断（Monopsony）一词源于希腊语中的mónos（单独）和opsōnéō（购买条款）。1933年，英国经济学家琼·罗宾逊（Joan Robinson）在《不完全竞争经济学》（The Economics of Imperfect Competition）一书中将该词推广开来。

价格制定者

在买方垄断的情况下，买方有权决定所购买物品的价格。举一个典型的例子，在矿业城镇，唯一的一个大雇主可以控制劳动力的价格。

"苹果"诉"胡椒"案

2018年，美国最高法院的苹果诉胡椒案成为热门话题。这个案件跟水果或蔬菜的优缺点毫无关系，而是首席原告罗伯特·佩珀（Robert Pepper）（Pepper，"胡椒"，与佩珀先生的姓为同一单词）向苹果公司（Apple，"苹果"）提起的集体诉讼。原告指控苹果公司对其应用商店（App Store）中出售的每个应用程序都收取30%的提成，这一做法侵害了消费者的权益。

法院裁定，苹果公司是这些应用程序的唯一购买者，有权对其定价，因此可以以"买方垄断"的理由对其提起诉讼。

一些经济学家认为，近年来工资增长缓慢的一个原因是企业对员工的买方垄断力不断增加。我们所处的虽然不是由一家公司主导的城镇，但地理限制、竞业禁止协议以及其他限制措施都会导致工作者无法获得最佳薪资。

外部性

外部性是一种经济活动的副作用或后果，会影响社会的其他方面，但并未反映在价格上，因此属于另一种类型的市场失灵。

正外部性或负外部性

举例来说，某位业主修复了自己名下的一栋历史建筑，同时也提升了整个街区的形象，这就属于正外部性；而污染等现象则属于负外部性。

网络效应

经济学家们还区分了生产外部性和消费外部性。消费外部性的一个例子就是网络效应。当消费者加入一个网络时，如订阅手机套餐，他们就扩大了该网络，并增加了该网络的价值。

供需图可以用来分析外部性。图中有两条供给曲线。下面的一条线代表只计算私人成本的结果，上面的一条线代表计算真实社会成本的结果。如果使用私人成本这条曲线，则价格会低到无法覆盖真实成本。

1920年，英国经济学家阿瑟·塞西尔·庇古（Arthur Cecil Pigou）在其《福利经济学》（The Economics of Welfare）一书中指出，政策制定者可以实施对产品征税等政策来补偿负外部性，例如征收碳税。

然而，现实中的外部性真实成本很难计算，只能间接估计，在当前的权力结构下，其价值往往会被低估，这也是气候危机出现的一个原因。

历史概览(二)

经济大萧条

经济大萧条始于1929年的华尔街股市大崩盘，随着国际债务到期，经济危机便如多米诺骨牌般蔓延到其他工业化国家。

经济崩溃

到1933年，全球国内生产总值下降了约15%，多个国家的失业率达到了25%，世界贸易额下跌到危机发生前的1/3左右，其中一部分原因是各国实施的进口关税等保护主义政策。

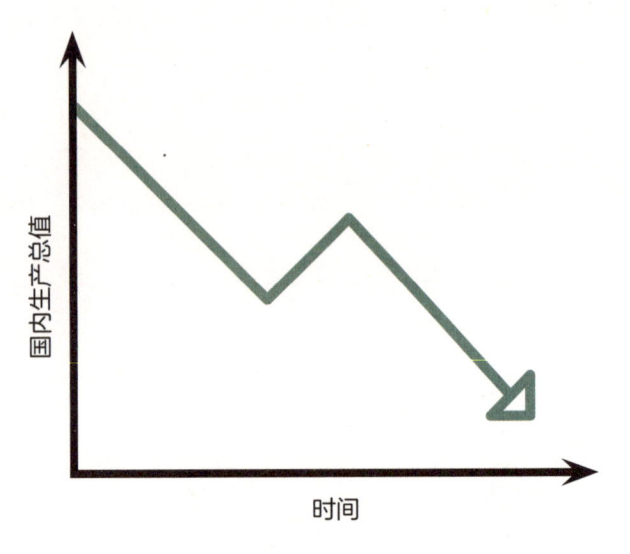

当时，仅在美国就有约9000家银行倒闭，占银行总数的1/3，引发了货币紧缩和通货紧缩。当时还没有存款保险，所以人们的储蓄都化为乌有了。

罗斯福新政

1933年3月，富兰克林·德拉诺·罗斯福就任美国总统后，宣布全国推行"银行假日"，银行休业整顿五天，以遏制取款热潮，并且说出了他的经典名言"唯一值得我们恐惧的是恐惧本身"。

罗斯福新政开始实施后，政府提供资金刺激经济，美国经济很快开始复苏，但是其他国家的经济萧条一直持续到20世纪30年代末，由此引发的社会动荡也给了纳粹党在德国上台执政的机会。

就大萧条的起因而言，经济学家们意见不一。但是，这场危机严重冲击了经济学这个较新的专业领域，约翰·梅纳德·凯恩斯也正是在此背景下创立了新的经济学理论。

凯恩斯

约翰·梅纳德·凯恩斯（1883—1946）被公认为20世纪上半叶最重要的经济学家。

宏观领域

约翰·梅纳德·凯恩斯，英国经济学家，1933 年出版《通往繁荣之路》（*The Means to Prosperity*），1936 年出版代表作《就业、利息和货币通论》（*The General Theory of Employment, Interest and Money*）。

阿尔弗雷德·马歇尔等新古典经济学家主要关注的是微观经济学，他们认为国民经济也只是更大规模的微观经济，但是凯恩斯却创立了现代的宏观经济学领域。

需求陷阱

凯恩斯认为，一国经济可能会陷入低需求和高失业率的自我强化的均衡状态，而当时仍在蔓延的大萧条就是如此。

根据古典经济学理论，货币供应量水平 M 的下降除降低价格水平 P 之外，没有其他影响。但是，这种理论假定的是价格会立即调整。在现实中，工人们会拒绝降低工资，人们为了提高个人财务状况会存钱，这样就会降低需求。

政府行为

因此，为了恢复就业，政府需要增加公共开支或减税，以此来提高经济需求。

时间轴

- 1883 年，凯恩斯出生于英国剑桥
- 1919 年，参加巴黎和会
- 1933 年，出版《通往繁荣之路》
- 1936 年，出版《就业、利息和货币通论》
- 1944 年，参加布雷顿森林会议
- 1946 年，逝世

倾向性

凯恩斯主义经济学的关键是人们储蓄或消费的倾向性。

边际倾向

古典经济学假定人们会将额外的资金用于消费或投资，但这忽略了不确定性等因素。假设一个家庭获得 1 元的额外收入，如果他们花掉 0.7 元，将剩下的 0.3 元存起来，那他们的边际消费倾向为 0.7，边际储蓄倾向为 0.3。

边际倾向与平均倾向不同，因为消费者更倾向于花掉自己获得的第一单位的货币，而非最后一单位的货币。这在严重不平等的社会中已然成为问题，因为富人倾向于储蓄而不是消费或投资，从而导致经济增长放缓。

节约悖论

在经济衰退时期，整个社会的储蓄倾向增加，导致经济流通缺乏资金，经济衰退加剧。这种"节约悖论"并非凯恩斯首创，但是这个顺口的名字却是他起的。

凯恩斯还是行为经济学（后文会讲）的先行者，他认为消费者和投资者的行为都深受心理因素的影响。例如，工人很容易接受加薪，但却很难接受减薪，所以降薪的工作很难做。

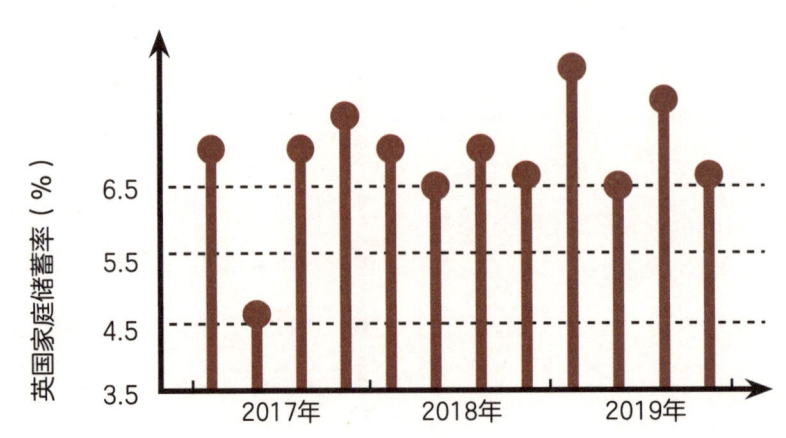

乘数

凯恩斯认为，政府行为有效的其中一个原因是乘数效应。乘数效应能够扩大支出的影响。

政府支出

假设政府决定在基础设施上投入一定数额的资金。收到钱的人会存下一部分，然后花掉剩下的，这样其他人的收入便会增加。在更广泛的范围里，这会增加就业，进而使得人们收入增加，这样一来，初始投资也会成倍增加。

投资的效果取决于边际消费倾向。如果人们把钱存一半，花一半，那么乘数是2，初始投资实现翻倍。在现实中，乘数很难估计，但凯恩斯认为美国当时的乘数约为2.5。

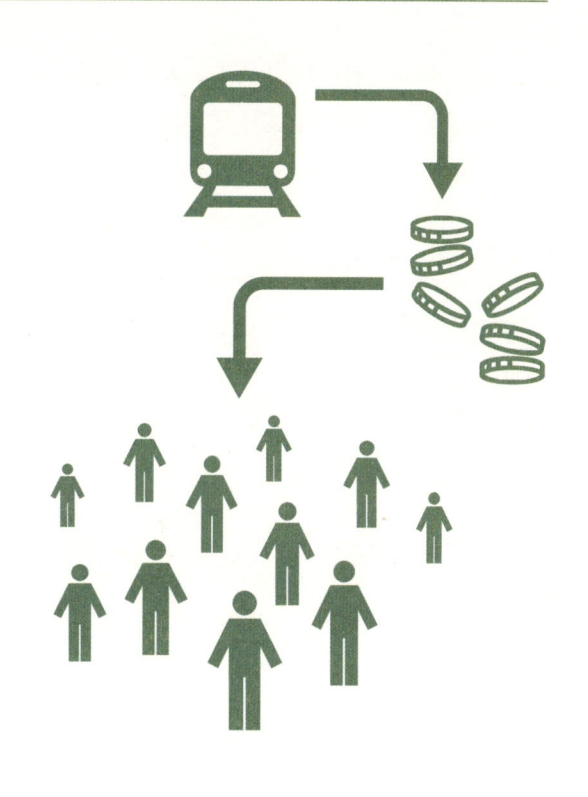

动物精神

不过，政府行为的有效性还依赖于另外一种乘数效应，即利用国家的"动物精神"[①]来施加影响。投资者在做投资决定时面临着很多不确定性，就像动物一样，很容易受到情绪变化的影响。因此，政府可以通过强化情绪激励措施来使经济摆脱衰退。

[①] "动物精神"一词是经济学家凯恩斯提出的，他认为投资行为不能用理论或理性选择去解释，因为经济前景根本难以捉摸，他提出投资的冲动要靠"动物精神"，即靠本能的驱动。——编者注

长期和短期

经济政策的影响与政策实施的时间长短有关。

供给创造需求

新古典主义经济学家认为,从长期来看,供给能够创造其本身的需求(萨伊定律),因为价格会一直调整到市场出清。在充分就业的长期均衡状态下,一国的产出不应取决于需求,而是劳动力和资本等因素,所以不应受价格水平的影响,也就是说,长期总供给曲线是垂直的。

需求创造供给

然而,凯恩斯认为,需求能创造出自己的供给(凯恩斯定律),至少在经济衰退时期如此。在经济衰退时期,需求曲线的变化会增加产出,但对价格的影响微乎其微,因为供给曲线几乎是水平的。因此,要在短期内提振经济,关键是增加总需求。

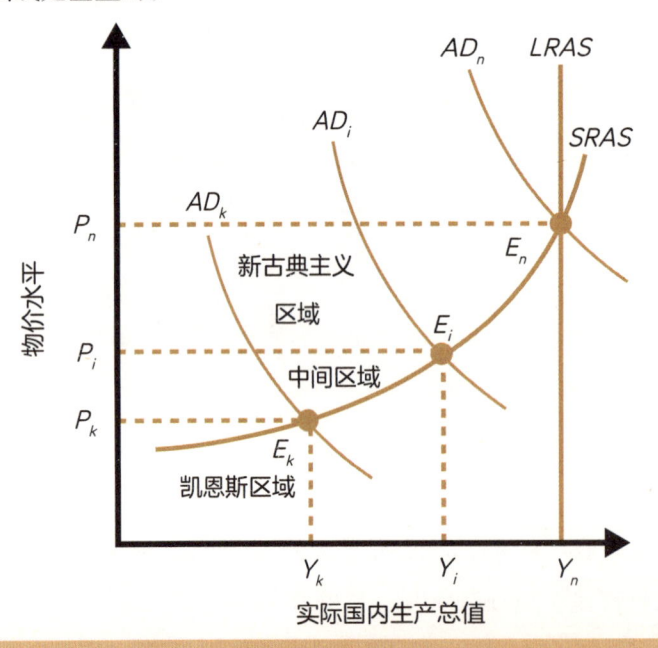

$LRAS$:长期总供给曲线
$SRAS$:短期总供给曲线
AD_k:凯恩斯总需求曲线
AD_i:中间区域总需求曲线
AD_n:新古典主义总需求曲线
E_k:凯恩斯供需均衡点
E_i:中间区域供需均衡点
E_n:新古典主义供需均衡点

许多经济学家认为凯恩斯定律适用于短期,而新古典主义理论适用于长期。怀疑论者可能会想,那中期该使用什么理论?

如果出现需求冲击,例如消费者信心突然下降,那么可以运用凯恩斯理论作为短期疗法,但这并非长久之计。不过,凯恩斯有句话说得好:"长期来看,我们都将死亡。"

新古典综合派

新古典经济学主要关注微观层面上的个体交易，而凯恩斯的宏观经济学研究的是整体经济。第一次世界大战后，许多经济学家开始研究两种理论的融合。

宏观和微观

马歇尔用供求图来总结微观经济学的规律，经济学家们也将类似的图用到了宏观经济学上。其中包括展示失业率和通货膨胀关系的菲利普斯曲线以及显示利率和产出关系的 IS-LM 曲线。

新古典综合派

"新古典综合派"一词是美国经济学家保罗·萨缪尔森（1915—2009）创造并推广的。如果说马歇尔的《经济学原理》是20世纪上半叶最畅销的教科书，那保罗·萨缪尔森的《经济学》（1948年首次出版）就是20世纪下半叶最畅销的，销量超过400万册。

最大化和均衡

在书中，保罗·萨缪尔森基于最大化和均衡等相关原则，用一致的数学框架来解释核心经济理论。企业和个人会理性行事以实现效用最大化，这会推动市场和整体经济实现稳定的均衡，而不完全竞争等问题则属于"摩擦"，会影响到这种理想的均衡状态。

米尔顿·弗里德曼

新古典综合派理论剔除了凯恩斯主义经济学中许多模糊不清的内容,包括"动物精神"等行为效应,但是很多经济学家,尤其是米尔顿·弗里德曼,认为新古典综合派理论仍然不够严谨。

生卒年:1912—2006年

国籍:美国

学派:芝加哥学派

主要著作:《消费函数理论》(*A Theory of the Consumption Function*),《资本主义与自由》(*Capitalism and Freedom*)

货币主义

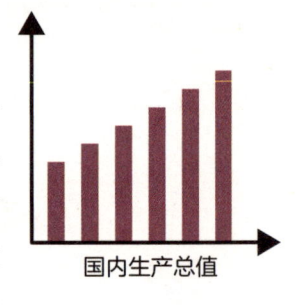

如果说20世纪上半叶最具影响力的经济学家是凯恩斯,那么下半叶则是米尔顿·弗里德曼。弗里德曼的理论灵感源自亚当·斯密和奥地利经济学派。他是一名优秀的作家和辩论家,对经济思想的主要贡献是他对货币主义的研究。根据他的理论,市场本质上是稳定的,政府的工作是确保货币供应量与国内生产总值增长保持一致,而在其他方面就要让经济顺其自然,否则,政府的行为只会导致市场扭曲,引发意想不到的后果。

停滞性通货膨胀

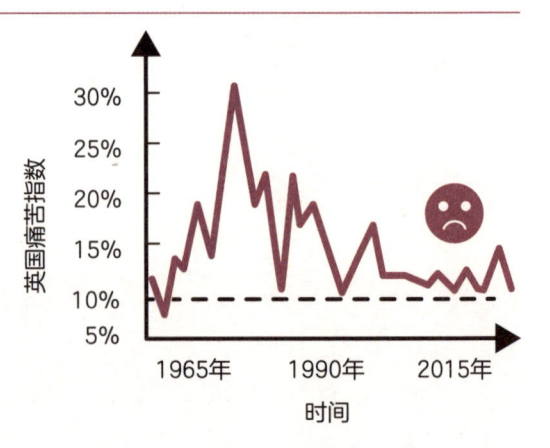

20世纪70年代,工业化国家同时出现高失业率和高通货膨胀(即停滞性通货膨胀),这似乎证明了弗里德曼的观点,但凯恩斯分析法却未提及这种情况。在美国,痛苦指数(失业率和通货膨胀率相加)高达21%;在英国,停滞性通货膨胀导致1978—1979年冬天成为"不满之冬",社会上掀起了规模浩大的罢工运动。

1971年,时任美国总统的理查德·尼克松说过这么一句著名的话:"我们现在都是凯恩斯主义者。"但在美国总统罗纳德·里根(1981—1989在任)和英国首相玛格丽特·撒切尔(1979—1990在任)任期内,他们采用的是弗里德曼的经济理论,而不是凯恩斯经济学。

芝加哥学派

弗里德曼是芝加哥经济学派的领导者，该学派源于芝加哥大学，因提倡自由市场思想和反对政府监管而知名。

诺贝尔奖

芝加哥学派的其他成员包括罗伯特·卢卡斯（Robert Lucas）、加里·贝克尔和尤金·法玛（Eugene Fama），这几人都获得过诺贝尔经济学奖，而且出身于芝加哥大学的诺贝尔奖获得者比其他任何大学都多。

卢卡斯批判

根据"卢卡斯批判"，凯恩斯开发的宏观经济模型是有问题的，因为预期会随着政策改变，导致参数失效。因此，经济模型的建立应基于个人行为的"微观基础"。

理性预期

在芝加哥学派的主要影响下，"理性预期"范式开始在经济学中占主导地位。根据这一理论，经济参与者的行为是基于他们对未来的预期，目的是实现长期效用最大化。在此情况下，政府刺激或操纵经济的行为会释放出错误的经济信号，导致适得其反的效果。例如，刺激措施可能会提高工资，但工人很清楚这样会导致通货膨胀，从而抵消了其他福利。

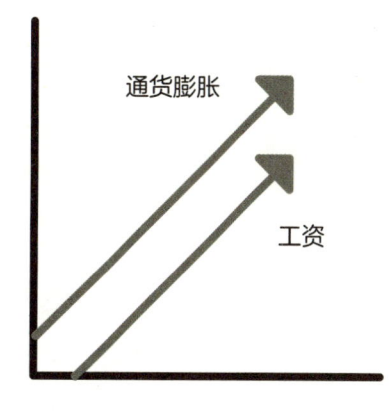

因此，政府的目标应是实现低通货膨胀，而不是通过印钞来刺激需求，并采取放松管制和贸易自由化等政策。这种芝加哥模式之后也推广到了世界各国，在20世纪70年代推广到智利，90年代推广到了南非和俄罗斯。

主流共识

20世纪末，主流的学术派经济学家达成了普遍共识。

达成一致

所谓的新凯恩斯主义者认为失业是不幸的，政府需要采取行动解决该问题；但芝加哥学派的新古典主义经济学家则认为，失业是因为人们无法接受当前的工资或工作条件，是一种理性决定。但这只是技术层面的差异，双方在重要问题上的观点是一致的。

预防经济衰退

2003年，诺贝尔经济学奖得主罗伯特·卢卡斯在一场演讲中说："我认为，从根本意义上来讲，宏观经济学已经成功了。因为宏观经济学的重点是预防经济衰退，而这个问题已经解决了，实际上几十年前就已经解决了。"

但事实证明，他的断言为时过早，因为仅仅几年之后，整个世界就深陷历史性的危机之中，而且与大萧条相比，这场危机在某些方面有过之而无不及。

与凯恩斯主义的分歧

主流经济模式源于新古典主义经济学，但是在某些方面与凯恩斯主义有分歧。其中理性预期和经济自我稳定等理论影响了政府、央行和国际组织的经济政策。正因其对数学严谨性的重视，经济学被称为"社会科学的皇后"。

宏观经济学

宏观经济

宏观经济学研究的是整体经济，包括经济增长、通货膨胀和失业问题等现象。

古典理论

古典经济学家将经济划分为三个主要市场来研究上述问题。第一是家庭消费的产品市场，第二是土地、劳动力和资本这三种生产要素的市场，第三是可贷资金市场，然后对三种市场分别做了供给和需求分析。

生产

产品市场代表经济的产出（即商品和服务的消费总量），作为一种单一的产品，其供给取决于资本和劳动力等因素。

消费

需要这种产品的消费者为家庭、政府和企业。家庭消费取决于收入，但鉴于经济是一个闭环，所以消费支出（产出）最终进入人们的口袋成为收入。

在经济过程中，需要按照劳动力或资本的边际回报率雇用工人，或借钱投资，并且会受到收益率不断递减的影响。劳动力的供给取决于工资，但是资本供给一般是固定的。在这种古典经济学理论中，额外的资金都用于投资了。

投资

在古典经济学中，投资指的是工厂和机器等商品的生产，此类商品又可以用于生产其他商品。

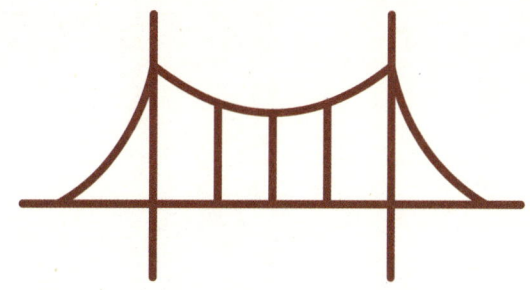

投资等于储蓄

古典经济学家假设投资总和等于储蓄总和。投资总和来自家庭（将额外现金用于投资）和政府。人们投资工厂等商品是为了获得预期收益，而预期收益是已扣除建筑物和机器购买以及折旧等相关成本的数额。

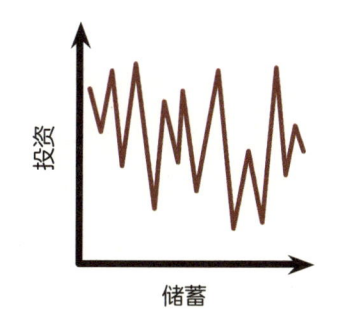

开放经济

但是，投资等于储蓄这一定律在开放经济中并不适用。因为在开放经济中，金融是国际性的，各国可以自由地相互投资。所以，今天的"投资"往往指的是购买股票和债券等金融证券。

长期增长

投资是权衡短期消费和长期利益后的决策。个人和公司选择投资而非消费是因为他们希望未来能够赚更多钱。因此，投资是经济增长的关键，所以政府经常会通过公共开支、减税或补贴来直接或间接地促进投资。

当然，此类举措要发挥作用，首先要确保所做的投资是有意义的。

利率

利率是借款产生的额外成本，利率水平（高利贷利率很高）由贷款人和借款人确定。

不同的利率

一般来说，利率指的是央行向其他银行收取的短期贷款利率。债券收益率指的是债券的利息，也是更准确意义上的长期利率，会受到通货膨胀等因素的影响。而实际利率是不考虑通货膨胀因素的。

需求

公司的资金投资需求取决于预期投资收益率减去实际利率后的水平。如果公司自己拥有资金，那么实际利率为不做投资的机会成本。（古典经济模型假定公司的经济利润为零，所以公司在不贷款的情况下无力进行自主投资。）

供应

同时，在封闭的经济条件下，投资资金的供给等于私人储蓄和公共储蓄之和，而私人储蓄和公共储蓄之和又等于消费者和政府总产出和总支出之差。

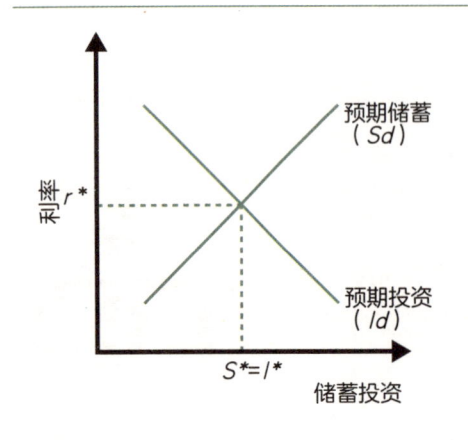

实际利率

古典经济学家按照完全竞争市场的供求逻辑，假设实际利率（即贷款价格）会进行调整，是为了保持投资资金供给和需求的平衡。

但我们将在后文了解到，现实情况要更为复杂，在开放经济条件下尤甚。

国内生产总值

国内生产总值用于衡量一国国民产出,是指一国生产的最终产品和服务的总售出价值。

西蒙·库兹涅茨

20世纪30年代,经济学家西蒙·库兹涅茨(Simon Kuznets)提出国内生产总值的概念,用以确定经济大萧条的影响。最初,他不愿将金融投机、广告和军备等开支计入国内生产总值,因为此类支出对人类福祉毫无帮助。但是,在"二战"期间,美国经济规划者开始使用国内生产总值统计军费开支,并在冷战期间将国内生产总值作为衡量美国经济霸权的指标。

计算

国内生产总值有三种计算方法。生产法是将所有最终产品和服务(而不是构成最终产品的中间产品)的价值相加。收入法是将所有生产者(包括个人和公司)的收入相加。支出法是将所有购买最终产品的支出相加。

计算总支出的公式为 $Y=C+I+G+(X-M)$,其中:

$C=$ 消费

$I=$ 投资

$G=$ 政府支出

$X=$ 出口

$M=$ 进口

从理论上讲,收入都用于购买所生产的商品,所以三种计算方法的结果应该是一致的。但在实际中,国内生产总值的计算十分复杂,所以每种方法的结果都略有不同。

消费

对多数工业化国家来说，国内生产总值中最重要的一部分是消费。

总支出

以美国为例，目前美国国内生产总值约70%来自消费，其余部分源自投资和政府支出，且二者比例相当，而净出口则呈现小幅亏损。

既然一人所花为他人所得，则消费总额 C 等于收入总额 Y。如果平均所得税率为 T，那么可支配收入（即税后收入）$Y_D = Y(1-T)$。

根据凯恩斯经济模型，一个人的消费率 c 要视其边际消费倾向而定，即公式：

$$C = C_0 + cY_D = C_0 + cY(1-T)$$

其中，C_0 为日常生活所需的基准消费量（必要时可以借用）。如果把计算 C 的公式代入计算国内生产总值总支出的公式中，我们就会得到公式：

$$Y = C_0 + cY(1-T) + I + G + (X-M)$$

其中，I 为投资资金，G 为政府支出，X 为总出口额，M 为总进口额。

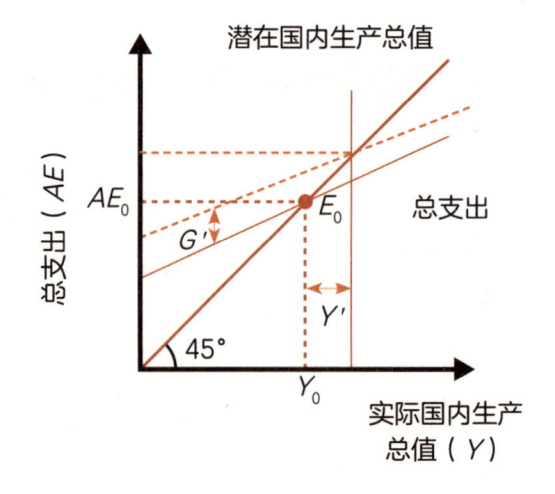

乘数

如果要找公式两侧相等的均衡点，可以在图中向右上画一条与横轴呈45°的直线。这个图就可以显示出乘数效应，因为政府支出 G 导致总支出曲线发生垂直方向的变化，那么国内生产总值曲线就会发生水平方向的变化，且变化幅度大于 G，这可是天降财富，是毫无成本的增长！（至少在到达环境承载极限前会是如此。）

故政府购买支出乘数是指政府支出引起国民收入的增加量与政府支出的增加量的比值，图中即为 Y'/G'。

增长因素

虽然古典经济学主要关注的是均衡概念，但古典经济学家对工业革命时期的爆炸性经济增长也颇有研究。

生产要素

在19世纪，西欧经济的实际规模增长了2倍。古典经济学家将此类增长归因于土地、劳动力和资本等生产要素的增加。

因为开垦新土地可以推动经济增长，而当时初到美国的定居者正是从土地开垦起步的。

另一种是通过人口增长或提高现有劳动力的效率以增加劳动量的方式来推动经济增长。

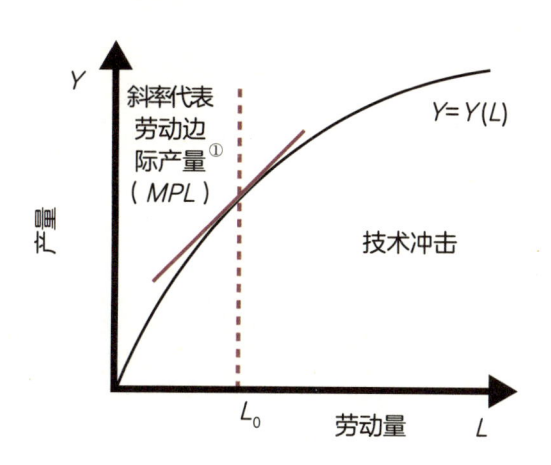

图中：Y（产量），斜率代表劳动边际产量①（MPL），$Y=Y(L)$，技术冲击，L_0，劳动量，L

此外，使用机器、建筑物、材料库存等非人力资产作为资本也可以推动经济增长。正如亚当·斯密所言："在人们所拥有的物品中，人们期望从中获得收入的部分称作资本。"

阶级分析

根据古典经济学理论，每种生产要素分属于不同的阶级：土地属于地主，劳动力属于劳动者，资本则属于资本家。古典经济学家假定所有的储蓄都会立即用于投资实物资产，但在今天，分析资本一定要把现金、债券或股票等金融资产都考虑在内。

---

① 指增加一单位的可变要素劳动的投入量所增加的产量。——编者注

分工

在其所处的时代,亚当·斯密认为经济增长的一个主要原因是劳动分工日益精细。

大头针工厂

斯密举了个例子(这个例子如今非常出名)来说明这一点:一家大头针工厂有十名工人,每名工人负责各自的任务。第一个人把金属丝拉长,第二个人拉直金属丝,第三个人切断金属丝,第四个人削尖针头,第五个人磨针尾;还有两到三道制作针头的工序,一道安装针头的工序以及磨白大头针的工序……最后,制作大头针这项重要的工作一共分成了约18道不同的工序。

这样一来,工厂一天可以生产48 000枚大头针,每名工人平均生产4 800枚。但据斯密估计,如果一名工人单独工作的话,一天只能生产约20枚大头针。

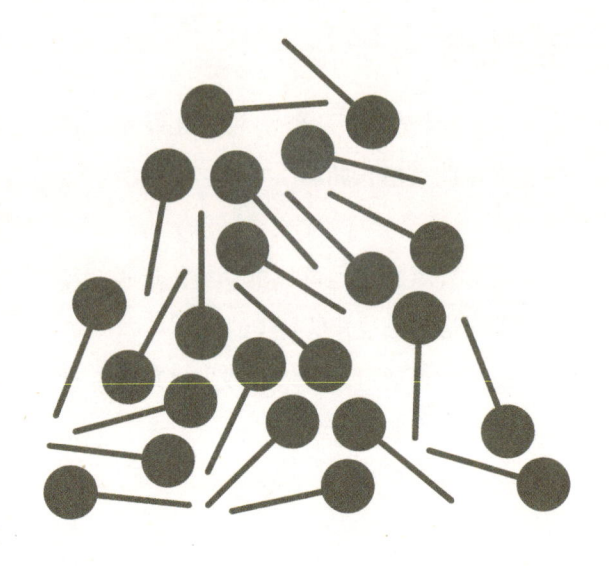

技术

专业化确实可以提高生产率,尤其是复杂产品的生产。但是,许多评论人士指出,斯密的分析很乐观,但是并不符合当时大头针工厂的实际情况,而且他忽略了技术这个更强大的因素。一台机器可以单独生产出更多的大头针,这也导致工人和资本家之间的关系更趋紧张,马克思主义理论对此已有详述。

比较优势

比较优势理论是英国经济学家大卫·李嘉图（1772—1823）提出的。

专业化

李嘉图举了个简单的例子来解释这一理论。假设葡萄牙和英国交易葡萄酒和布料这两种产品，那么如果两国只专注于制造对自己来说成本更低的产品，进口另一种产品，则两国都能获益。他表示："财富积累的极限很难确定。"

即便一国擅长生产两种产品，但只专注生产其中一种仍有益处，所以相对优势理论仍适用。

自由贸易

在重商主义时期，垄断、关税、行会和政府干预都十分普遍，这些因素看似可以促进经济增长，但实际上却会阻碍经济增长。所以如果工人的工作要实现专业化，国家的运行也应如此。

李嘉图的分析过于简单，忽略了许多复杂的因素，例如，工人或工厂并不能随意改变生产的产品。但是，他的理论在演绎逻辑中的应用也启发了很多人。经济学家保罗·萨缪尔森甚至称这一理论是社会学中唯一一个"真实且有用"的观点。

托马斯·马尔萨斯

古典经济学家普遍对经济增长比较乐观,但李嘉图的朋友、牧师兼学者托马斯·马尔萨斯(1766—1834)指出,人口增长速度远超经济增长速度可能会引发大问题。

几何级数与算术级数

马尔萨斯认为,人口以几何级数增加(即2、4、8、16、32等),而生活资料以算术级数增加(即2、4、6、8、10等),所以人口增长速度始终高于生活资料增长速度。

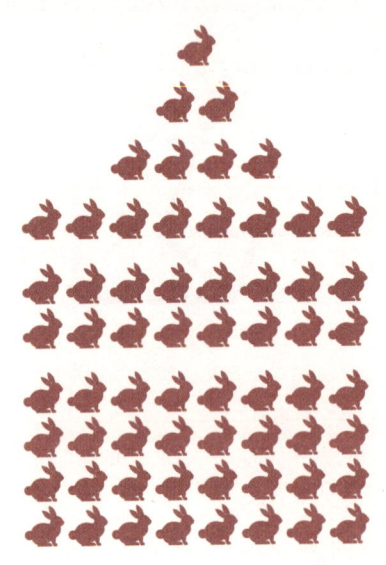

自然选择

马尔萨斯观察后得出结论,要反对减贫措施,因为这只会鼓励穷人多生孩子。他的理论对达尔文的自然选择理论产生了重要影响。目前,技术进步以及财富增加导致生育率走低,这至少能将"最终清算日"向后推迟些。

爆炸性人口增长

马尔萨斯还借鉴了美国科学家本杰明·富兰克林的研究成果来支持自己的论点。富兰克林的研究表明,美国人口(其中包括移民)往往每隔25年就会增加1倍。但是,马尔萨斯对人口增长的担忧也与工业革命有关,因为在工业革命时期,大量人口涌入伦敦等中心城市,导致贫困随处可见。

正如马尔萨斯所言,人口增长和有限的自然资源发生冲突的话,将会带来悲惨的结果。"季节病、流行病、瘟疫和鼠疫将会迅速席卷而来,导致尸横遍野。甚至,随之而来的严重饥荒会以强有力的打击来夷平人口规模"。

稳态经济

根据古典经济学理论，宏观经济是处于稳定状态的。经济就如树木一样，长到一定高度后就会保持稳定。

失业

如果将供求法则应用于劳动力市场，那么劳动力价格会进行调整以满足需求水平。因此，社会上将不会有非自愿失业。只要降低工资要求，所有想要工作的人都可以找到工作。

生活的艺术

最后，古典经济学家虽然一直在研究经济增长，但他们认为经济增长是一个暂时性的过程。约翰·斯图亚特·穆勒指出："财富的增长并非毫无止境。"收益递减意味着经济最终会进入"静止状态"。穆勒认为这是好事，因为这样人们可以关注"生活的艺术"，而非"上进的艺术"。

萨伊定律

所以是不存在普遍供过于求的情况的，原因也是如此。根据萨伊定律，"供给能够创造其本身的需求"。花在生产商品上的钱又用于购买其他产品。因此，在宏观层面上，产量翻倍的话，收入就会倍增，进而消费也会倍增。

这一分析过程是不涉及储蓄的，因为所有可用的资金都用于投资机器等实物资产了。事实上，在这个过程中，货币除了被动地作为交易手段外，根本没有发挥任何作用。

货币政策

中央银行使用货币政策控制货币供应量以管理货币需求。传统政策工具包括短期利率调整和公开市场操作。

贴现率

贴现率是央行向其他银行收取的用于补充准备金的短期贷款利率。降低贴现率可以释放供商业银行贷款的现金,进而降低利率,并在理论上拉动了广泛的经济需求。

公开市场操作

公开市场操作指的是中央银行买卖政府或公司债券等金融证券。例如,中央银行可以出于提振经济的目的从商业银行购买此类证券。这样一来,商业银行持有的现金量增加,货币供应量也随之增加。

货币供应量增加后,货币的价格,即利率会降低。因此,最终会使得商业银行相互贷款的利率降低。

中央银行也会出于调整汇率的目的买卖其他国家的证券。

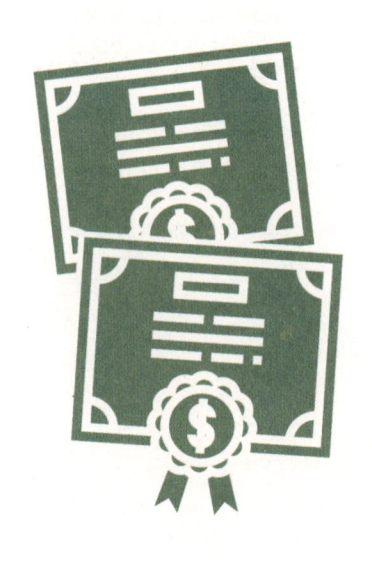

债券

债券是一种以未来收益偿还买入成本的金融证券。

术语

债券的面值即到期日支付的金额，而息票支付则代表定期支付利息（在电脑出现之前，人们会从债券底部撕下息票，然后邮寄支付，所以如此命名）。

收益率

债券的初始收益率等于债券收益除以价格。然而，总收益率取决于债券交易时的市场价格。例如，如果你以950英镑购入1 000英镑的一年期零息票，那么即便利息为零，你兑现债券时仍能获得约5%的收益。一般来说，债券价格与利率成反比，利率越高，债券价格越低，反之亦然。

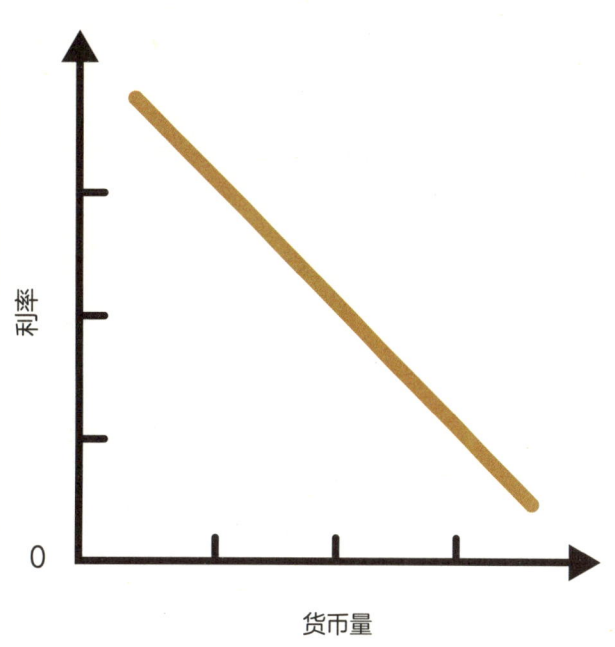

（图：纵轴为利率，横轴为货币量，曲线向右下方倾斜）

利率

债券市场能够调整利率。例如，如果利率太低，货币需求或流动性偏好就会很高（因为持有现金的机会成本很低）。因此，人们就会出售债券以换取资金，导致债券价格降低，从而提高利率。

收益率曲线

在债券到期前,收益率会随着时间的推移而变化。收益率曲线是国债利率随着到期时间变化的曲线图。经济学家和投资者认为曲线变化能反映市场情绪,所以都密切关注收益率曲线。

斜率

收益率曲线的斜率反映了投资者对利率和市场风险变化的预期。收益率曲线一般会向上倾斜,因为投资者希望利息更高,以补偿其长期锁定资金的风险。

倒挂

曲线向下倾斜表明投资者对未来利率的预期较低。这种"收益率曲线倒挂"的情况通常被视为经济衰退的前兆。

变化

收益率曲线整体上移表明投资者预计通货膨胀率将上升,所以利率也需要更高。曲线下移表明投资者预计通货膨胀率将降低,且其他资产类别又缺乏吸引力,投资者便涌入债券市场。

收益率曲线还可以用来对比不同类型的债券。投资者期望的收益率取决于贷款人违约的风险。政府债券利息最低,垃圾债券的收益率较高,但是如果公司破产,投资者将颗粒无收。

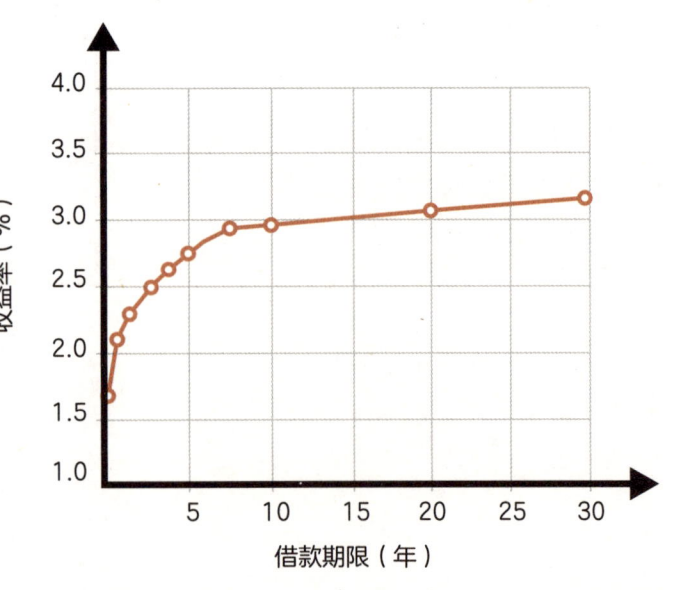

信用评级

申请过贷款的人都了解信用评分的概念，信用评分是根据个人现有债务和还款历史等情况确定的。企业和政府也有相应的信用评分，分数高低将影响其融资能力。

评级机构

三大国际信用评级机构分别是穆迪投资者服务公司（Moody's Investors Service）、标准普尔（Standard & Poor's）和惠誉国际信用评级有限公司（Fitch Ratings）。

信用等级

以穆迪评级为例，最高等级为 Aaa，表示"信用质量最高，信用风险最低"，以及"偿还短期债务能力最强"。再往下有 A（Aa1、Aa2 等）等级直到 Ba 级别，表示风险更高。Ba 级以下被称为"垃圾"债券。最低等级为 C 级，表示"质量最低，往往会违约，且收回本金或利息的可能性很低"。

主权信用评级

各国政府重视主权信用评级不是没有道理的。2011年，据报道，时任法国总统尼古拉·萨科齐曾表示："如果法国失去 3A 评级，我就完了。"果不其然，他在几个月后就离任了。

1993年，时任美国总统比尔·克林顿的顾问詹姆斯·卡维尔（James Carville）开玩笑说，如果有下辈子，他要做债券市场，随便动一动就能"吓到所有人"。但是也许做一家评级机构是更好的选择。

债务

债务是经济生活的一个基本方面，因为我们使用的资金都基于债务，如果政府清偿了所有债务，那这些资金就会消失。

增长

债务对经济增长至关重要，因为企业家（或一般企业）往往需要借钱去追逐自己疯狂的梦想，大城市里的多数人也需要高额的贷款才能买得起房子。

全球债务

近年来，全球债务水平（包括主权和企业贷款）已飙升至近 300 万亿美元（撰写本文时）。

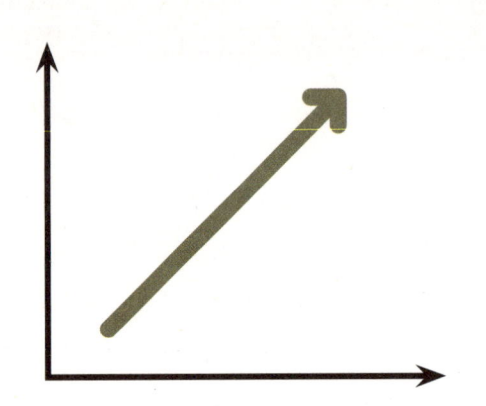

债务危险吗？

主流经济学家基本上都对债务情况表示乐观，因为他们习惯选取单一有代表性的因素来为经济建模。从这个层面上来说，总体债务与投资会相互抵消，只有当债务将投资挤出市场后才会引发问题。《经济学人》和《纽约时报》专栏作家保罗·克鲁格曼（Paul Krugman）在 2019 年还断言："债务是我们欠自己的钱。"

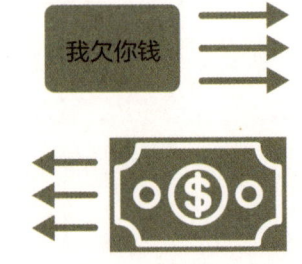

但是，人们渐渐认识到，这种传统观点忽视了很多因素（如下所述），包括债务人和债权人之间的权力差异、富人和穷人利率的显著差异以及影响金融稳定性的内在风险等。（如果按照同样的逻辑，盗窃也不构成违法，因为总体上来说，盗窃也是我们拿自己的钱。）

税收

税收来自拉丁语中的"taxare"一词,意思是"责难、收费或计算"。税收已成定制,现在甚至有了专门的税收季。

税收和货币

一般来说,税收是政府提供服务的费用,但也是货币体系的一部分。古希腊早期使用硬币作为货币后,通过税收补贴军队,同时确保军队能够获得物资供应(供应商需要士兵的钱来支付税款)。罗马的尤利乌斯·恺撒率先推出1%的销售税,这可能会让当时的收银登记员感到困惑。

所得税

在中世纪的封建制度下,税收往往是用实物或劳动而不是用现金支付的,但是这种情况随着货币在社会中的作用日益凸显而发生了变化。例如,基于个人收入明细的所得税就是一个相对较新的税种,当时它被用于收取国防开支和福利体系等相关的大额税款。

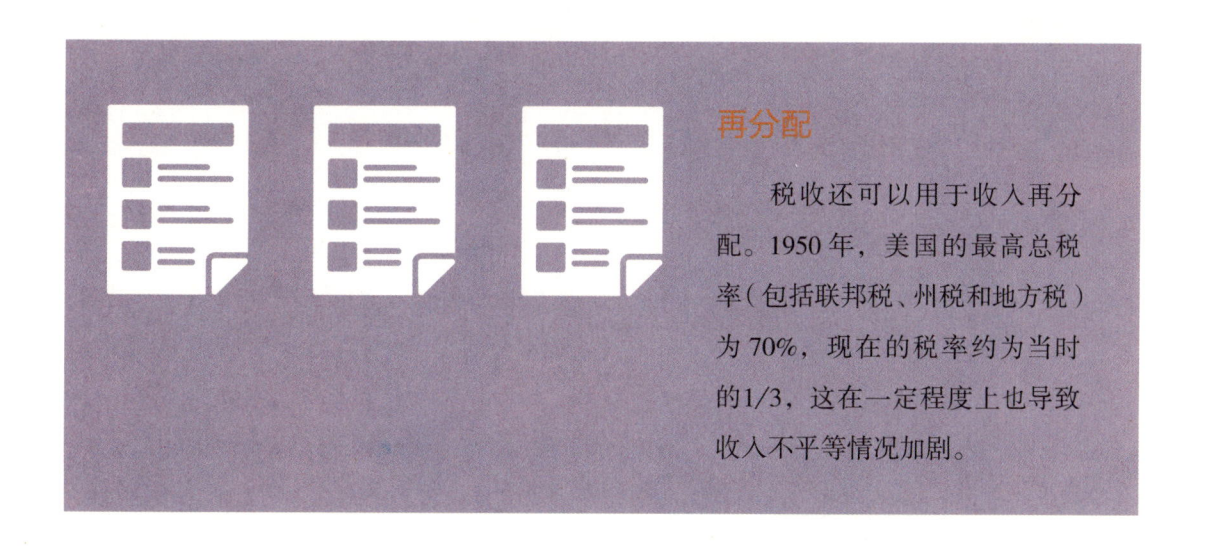

再分配

税收还可以用于收入再分配。1950年,美国的最高总税率(包括联邦税、州税和地方税)为70%,现在的税率约为当时的1/3,这在一定程度上也导致收入不平等情况加剧。

死亡经济学

老话说,除了死亡和税收,没有什么是确定的。经济学家也花了很多时间思考死亡,所以说经济学是"沉闷的科学",实在是名副其实。

生命的价格

那我们要思考的一个问题是:挽救一条生命的经济价值有多高?经济学家计算了预防死亡的边际成本。例如,如果要将交通事故的预期死亡人数降低一人,升级交通系统的成本是多少。

年金

另外,我们还要考虑一个人的预期寿命。例如,年金这种金融产品会基于初始付费水平每年定期返还资金,直至相关人员死亡。所以,年金水平是跟预期寿命挂钩的。

抵押贷款

"抵押贷款"一词的原意是"死亡之诺"或"死亡之握",但是现在并不会如此宣传。

信用违约

许多计算信用违约概率的数学工具都源于预期寿命模型。例如,保险精算师观察发现,一对夫妇中的一人死亡后,另一人在未来几月内死亡的可能性会显著上升。所以人们开发了数学模型来模拟这种"心碎综合征",之后这种模型又用于模拟抵押贷款违约之间的相关性。但在美国的次贷危机中,这种模型并未发挥作用,由此也引发了另外一种"心碎"。

物价指数

物价指数是统计物价随时间的变化而变化的数据。

消费者物价指数（CPI）

消费者物价指数计算的是一个基准年内一篮子商品的相对价格，这些商品都是一些典型性的支出。在英国，篮子里约有700种商品，包括酒吧里的一杯酒、一辆新车以及一次海滩度假等。

计算该指数很复杂，要考虑多种因素，其中之一便是消费者。因为，并不存在平均或一般消费者，每个人面临的通货膨胀情况可能都是截然不同的。

移动靶子

另外，随着技术进步和消费者选择的改变，篮子里的商品也会发生变化，所以很难做跨时间段的对比。例如，如果一件商品变得很昂贵，人们就会减少购买量，所以该商品在篮子里的分量就会降低，对通货膨胀的影响也更小。

最后，篮子里商品的成本不受商品质量变化的影响（如智能手机）。通货膨胀指数的重要性不仅在于其能够追踪经济变化，还在于它能够决定很多东西的价格，包括工资增长、养老金以及一些与通货膨胀挂钩的政府债券。

市场指数

房价和股市等许多东西都有指数。例如，于1896年推出的道琼斯工业平均指数（Dow Jones Industrial Average）最初用于追踪12只（后来增加到30只）股票的平均价格，直到现在道琼斯工业平均指数仍是美国股市的晴雨表。

负利率

2008年年末，时任美联储主席本·伯南克（Ben Bernanke）推出了一项非常规政策，将利率降至0%，以此来刺激贷款，导致扣除通货膨胀后的实际利率降为负值。

负值

伯南克此举开了风气之先，如今实际负利率已屡见不鲜，也说明世界经济发展并非一帆风顺。欧洲和日本的央行甚至还尝试推行名义负利率。所以本是为了推动经济快速重启的举措现在竟成了经济运行离不开的"拐杖"。

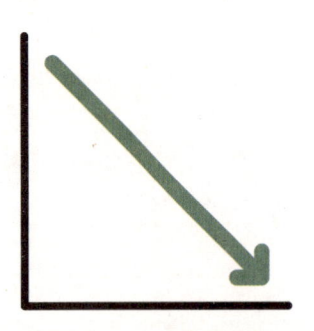

债务人当然乐见这种情况，但是银行却不乐意，毕竟银行要靠发放贷款赚取利息。银行也可以收取更高的费用以抵消影响，但是负利率仍然颠覆了基本的商业模式。

经济模型

负利率也让研究人员在建模时感到无所适从，因为金融模型中的一个关键参数是无风险利率。如果利率为负，建模得出的结果就是要无穷无尽地借钱，而这一结果毫无意义。

在计算养老金的模型中，贴现率是关键，贴现率在养老金模型中的作用与利率在金融模型中的作用类似。如果贴现率为负，则从理论上来说，所有养老金账户都会资金不足。

为什么？

那为什么会有人购买负利率的债券呢？养老基金等机构购买此类债券是为了在担保债券中保留一些资金，其他人购买可能是想在未来出现通货紧缩或者利率更低的时候售出，以赚取利润。

财政政策

政府除了使用货币政策外，还会使用财政政策工具调节经济活动。

应对经济衰退

政府在应对经济衰退时，可以减少税收以增加居民可花费资金，或者通过参与公共工程等项目直接向经济注入资金。

平衡预算

这类财政措施是为了在不引发通货膨胀的情况下降低失业率，刺激需求。资金来源有两种：直接印钱（一般不提倡，因为可能会造成通货膨胀）或借钱（很常用，因为可以推迟问题的发生）。如何平衡预算是经济学家一直争论不休的问题。现代货币理论的支持者表示，只要没有通货膨胀问题，国家可以随心所欲地举债。

失业保险

失业保险相当于自动稳定器，当失业率增高时，保险支付也会增加。

政府规模

另外，政府支出在经济中究竟应该占多大比例，这也是需要思考的一个问题。欧洲国家的政府支出往往占其国内生产总值比重较高，其中法国和芬兰最高，均约55%，英国约42%，美国38%。不过，支出高则回报高。

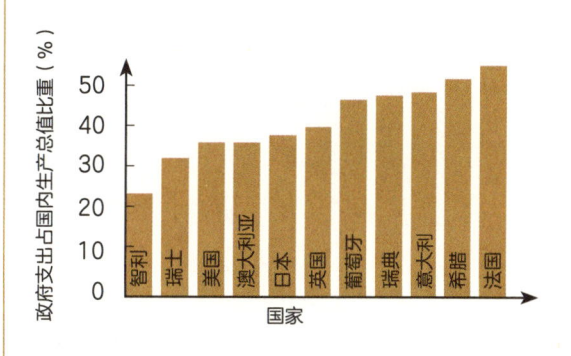

新自由主义

"新自由主义"一词的含义是有争议的,但在经济学中,新自由主义往往跟米尔顿·弗里德曼等经济学家所提倡的自由市场理论有关。

新理念

1951年,弗里德曼在他的论文《新自由主义及其发展前景》(*Neo-liberalism and Its Prospects*)中指出,在19世纪,因为国家的作用并不明确,致使自由主义发展过头了。但是,他注意到,与此相反的"集体主义"在美国等国家同样也发展过头了。

> "新理念必须避免这两种情况。它既要严格限制国家干预个人具体活动的权力,又要明确肯定国家需要发挥一些重要的积极职能。而新自由主义学说就是这样一种理念。"
>
> ——米尔顿·弗里德曼

朝圣山学社

1947年,弗里德曼和弗里德里希·哈耶克(Friedrich Hayek)以及乔治·斯蒂格勒(George Stigler)(三人之后均获得诺贝尔经济学奖)共同创立了朝圣山学社(Mont Pelerin Society),该学社提倡的就是这种"新理念"。这种理念影响了很多政治家,包括罗纳德·里根和玛格丽特·撒切尔,后者还在一次保守党会议中举起哈耶克的新自由主义著作《自由秩序原理》(*The Constitution of Liberty*,1960年),并宣称:"这就是我们所相信的理念。"

然而,放松管制和超全球化等新自由主义政策在当前备受反对,经济学家们也开始寻找新方法。也许正如2019年的一篇文章所述,他们在考虑"新自由主义之外的其他方法"。

国际贸易

国际贸易在国家这个概念产生之时就已存在了,但其规模却时有起伏。

开放贸易

例如,在19世纪到20世纪期间,国际贸易增长迅速,但却因第一次世界大战、经济大萧条和第二次世界大战而暂时中断。20世纪50年代时,国际贸易恢复增长,但在20世纪70年代时却又因石油危机发展放缓,之后重新恢复增长,直至2007—2009年全球金融危机爆发。

世界贸易

如今,全球交易量最大的两种商品是石油和汽车,所以石油对世界经济的重要性不言而喻。

贸易政策

贸易政策一直是一个争议十足且政治色彩浓厚的话题。经济学家表示,如果一国在制造一种商品(如汽车)上有比较优势,则该国应当专注于生产该商品,而不是生产自己不具优势的商品(如农业产品)。但是日本却选择自己生产大米,而且本国大米价格比全球大米价格高十倍之多。

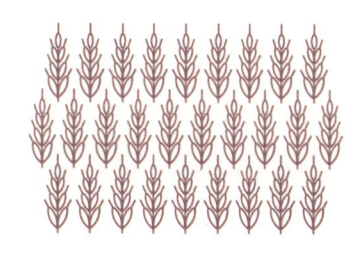

造成这种情况的一个原因是日本农民很重视农业生产,而且有强大的游说力量。另一个原因是各国一般都要控制本国的粮食供应。

但新冠肺炎疫情暴发以来,人们开始意识到,很多国家在药品和其他关键医疗用品方面严重依赖进口。

贸易理论

贸易模式的理论包括李嘉图的比较优势理论和新贸易理论。根据新贸易理论,一国扩大其商品市场就可以获得规模经济优势。

双边贸易差额

双边贸易差额是一国对另一国进口和出口的差额。

逆差产生的原因

如果一国出现贸易顺差,人们往往认为该国是贸易关系中的"赢家",重商主义理论中的"此消彼长"也是这个道理,但是现实并非是简单的输赢关系。

如果一国的企业在国际上没有竞争力,那么进口商品多于出口商品,该国就有可能会出现巨额贸易逆差。理论上来说,该国可以让本国货币贬值,直至其恢复竞争力,以此来弥补贸易逆差,但更好的方法是提高本国企业竞争力。

不过,贸易逆差也可能是经济增长和外国投资增加的迹象,所以本国对包括外国商品在内的消费自然也会增加。这就类似于跟本地杂货店的买卖逆差一样,不管是哪种情况,你总能有所收获。

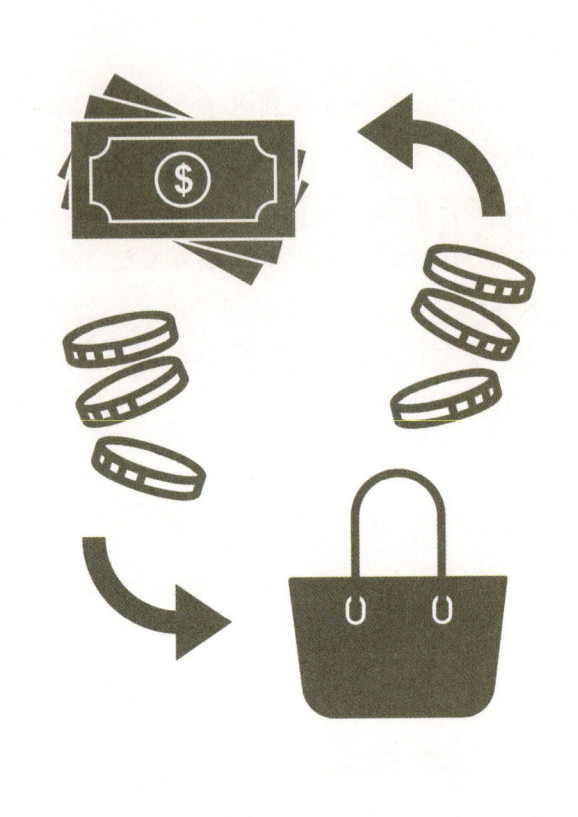

贸易协定

各国经常会与另一国、邻国或多国谈判签署贸易协定(双边、区域或多边协定),以减少或消除关税或配额等贸易壁垒。1995年,世界贸易组织(WTO)成立,其前身是1947年签订的《关税及贸易总协定》(GATT)。

然而,自全球金融危机爆发以来,自由贸易的弊端(如产业流失给外国竞争者)日益凸显,人们对自由贸易的兴趣也在逐渐衰减。

发展经济学

发展经济学是经济学的一个分支，研究的是如何在低收入国家应用经济理论。

重商主义

殖民时代的欧洲重商主义者应该是最早的发展经济学家。然而，他们主要是为了更好地开发发展中国家的资源（原材料和人力资源），而不是帮助这些国家。工业革命以来，经济民族主义理论开始盛行，美国等快速发展的国家通过关税和补贴来保护本国工业。

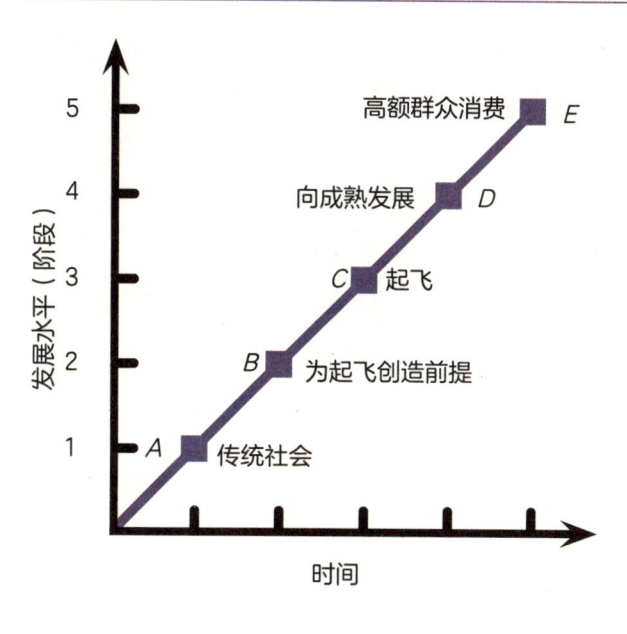

线性增长

第二次世界大战后，经济学家华尔特·惠特曼·罗斯托（Walt Whitman Rostow）在其《经济成长阶段——非共产主义宣言》（*The Stages of Growth: A Non-Communist Manifesto*，1960年）一书中提出了"线性增长阶段模型"。根据这一模型，各国经济发展要经历五个阶段：传统社会阶段、为起飞创造前提的阶段、起飞阶段、向成熟发展的阶段以及高额群众消费阶段。增长有赖于充足的资本和强大的可以管理资本的公共部门。

非线性增长

非线性增长模型在一定程度上是受美国马歇尔计划（US Marshall Plan，旨在帮助饱受战争蹂躏的欧洲在战后重建）影响产生的，但这种模型却并不完全适合贫穷的国家，因为政府掌握资本必然会导致腐败，而且发展也并非是一条直线（见后文复杂性经济学）。

如今，发展经济学家更多地采用随机对照试验等实证方法来研究经济理论的应用。

随机对照试验

医学中有随机对照试验（RCT），指的是对病人进行分组治疗，对不同组实施不同的干预，实验组提供标准治疗，对照组则提供安慰剂，或完全不提供任何治疗，之后对比结果。近几十年来，这种方法也推广到了其他领域，包括经济学领域。

消除贫困

2019 年的诺贝尔经济学奖得主为迈克尔·克雷默（Michael Kremer）、阿比吉特·巴纳吉（Abhijit Banerjee）和埃丝特·迪弗洛（Esther Duflo），以表彰他们对发展中国家减贫措施的研究，而他们采用的方法就是随机对照试验。例如，20 世纪 90 年代时在肯尼亚农村开展的一项实验表明，为学校分发免费课本和餐食并不能改善教育成果；而在印度开展的其他实验则表明，为有特殊需要的孩子提供辅导确实能够提高成绩。

该研究团队的另一项实验表明，在低收入国家，如果驱虫药是免费的，父母多半会给孩子服用，但是如果给他们提供大量补贴，他们却不大可能会给孩子购买驱虫药。

随机主义者

"随机主义者"指的是热衷于开展随机对照试验的人，这类人还将"循证"一词引入了经济学，这是一件好事，因为批评者常常称经济学太过抽象化和数学化。但是，随机对照试验也并非灵丹妙药。医学中开展随机对照试验是为了获取药物的最终监管批准，但是要找到癌症的治疗方法或者解决导致世界贫困的结构性问题，我们需要的是全新的思维方式。

体系和制度

私有财产

在经济学诞生之前，私有财产和所有权的概念就已经存在了。

房屋所有权

亚里士多德在他的《政治学》（Politics）一书中称，私有制能够弘扬责任感和慎重等美德。如今，人们认为房屋所有权也有同样的效果。罗马法的多数条款旨在界定和保护所有权，但当时保护的主要是奴隶和土地等物的所有权。

数字财产

在数字时代，产权往往既包括实物产权，也包括知识产权（IP）。但是，信息可以免费复制和分享，所以专利能保护的只是部分知识产权。

约翰·洛克

哲学家约翰·洛克（John Locke）在他的《政府论》（Two Treatises on Government，1689年）一书中指出，国家的主要职能是保护公民的权利和自由，包括财产权。他尊重他人经过劳动而获得财产的权力。

例如，对一个人来说，树上的苹果毫无用处，但是当此人把苹果摘下时，就付出了自己的劳动，把苹果变成了有价值的东西。正如洛克所言："他通过劳动从大自然中获取成果，也因为劳动将这成果据为己有。"金钱是此类成果的具体化的一种形式。

> 洛克的著作为金钱和财产的积累提供了政治和哲学依据，也极大地影响了1787年美国政府制定的宪法。

共有所有权

私有财产和集体财产之外，还有共有所有权。

圈地

例如，在封建时代的欧洲，大片土地被保留为集体管理的公有地，作为放牧用的草地和提供薪柴的林地等。封建制度瓦解后，私有化进程开始，越来越多的佃户被逐出公有地。在英国，这种"圈地"运动始于13世纪，在洛克撰写关于财产权理论的著作时仍在继续。

埃莉诺·奥斯特罗姆

哈定的这一理论在经济学家中非常有影响力，但经验证据表明，人们在没有经济专家帮助的情况下也能成功地管理公共领域，包括森林、渔业、灌溉系统、草原等。政治学家埃莉诺·奥斯特罗姆（Elinor Ostrom）正是因她在这一领域的研究工作获得了诺贝尔经济学奖。

公地悲剧

公地的概念似乎与传统经济学理论并不相容，原因可见生态学家加勒特·哈定（Garrett Hardin）于1968年发表的一篇名为《公地悲剧》[①]（The Tragedy of the Commons）的论文。哈定在文中写道，一群牧民面对开放的公共草地时，都会为了自身利益而最大化地利用草地，但是这样会导致过度放牧，最终使土地变得贫瘠。

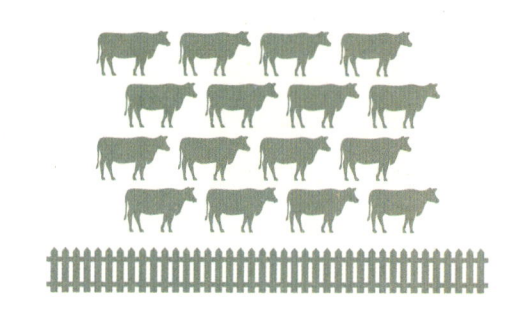

[①] 也叫《哈定悲剧》。——译者注

市场

市场与财产权一样，在经济学这一学科出现之前就早已存在了，而且市场是有社会维度的，但这在纯粹的经济研究中并不明显。

体制

经济学家卡尔·波兰尼（Karl Polanyi，1886—1964）认为，无论是经济的还是非经济的，市场都是"嵌入"到体制内的。他多次指出："市场经济是一种体制型结构。"

这些体制包括产权制度和合同法、信贷等金融服务、电力和交通等公共基础设施、可靠和受过教育的劳动力、公共治安保护下的安全环境以及向消费者传递信息的信息系统等。

社会规范

市场也受社会规范的影响。在一定程度上，波兰尼创立该理论是受了人类学家对非工业化社会的研究的启发。从理性效用最大化的角度来看，某种行为可能是合理的，但是在礼物经济中，人们并不把土地、劳动力和金钱视为营利性商品。

全球金融危机之后，乔里斯·卢因迪克（Joris Luyendijk）等人类学家开始越来越多地关注一个陌生和孤立的"部落"——金融交易员，而这些人将"分红"视为最重要的事。

货币

货币市场的发展依赖于货币长期存在且保持稳定。我们在货币一节中了解到，货币系统并不是凭空而来的，而是一项精心设计和维护的社会技术。

自由市场经济

自由市场经济提倡的基本原则是经济自由。

个人自由

经济自由的原则包括支持私有财产、无价格管制和政府实施最低限度的约束。另外，正如米尔顿·弗里德曼在1984年所言，在这个体系中，"个人或家庭是社会的关键要素。在我看来，在理想的社会中，每个人都有追求自己目标的自由，前提是对他人同样的权利不加以干涉"。

经济自由

经济自由的概念也很难界定，因为一人之自由总是他人之枷锁。据美国传统基金会（Heritage Foundation）统计，拉美经济自由度最高的国家是智利（本书撰写时）。该国在2019年爆发了大规模的抗议活动，究其原因，很大程度上还是因为人们长久以来对不平等等经济问题感到不满。

乌托邦

在自由市场中，价格是基于"供求法则"确定的，不受国家干预。所以，这其中暗含的前提是，市场是竞争性的，人们理性地行动以优化自身效用，而且所有市场参与者都能获得全部信息。当然了，在现实中，没有一个市场符合这些标准（所以弗里德曼描述的是一个"个人乌托邦"）。

087

公有

公有一词来源于拉丁词中的"communis"。

马克思主义经济学

1883年，卡尔·马克思的葬礼在伦敦举行，他的战友恩格斯说："他的英名和事业永垂不朽！"20世纪中叶时，全世界约三分之一的人都称自己信仰的是马克思主义思想。

集中制

马克思说："各尽所能，按需分配。"当然，这些"能力"和"需求"到底是什么，还要由人来确定。苏联靠的不是斯密所说的"看不见的手"，而是国家的看得见的手——集中制。

哈耶克

然而，奥地利经济学家弗里德里希·哈耶克认为，中央规划者获得的只是汇总统计信息，很多决策是要由"现场人员"来做出的。

中国

苏联最终解体了。中国的态度更为务实，实行改革开放，建立社会主义市场经济体制，完善社会主义市场经济。

混合经济

混合经济是私营企业和国有企业混合的经济体制。

不同的混合

在混合经济体中,市场是私营市场,但是要受监管,且政府负责提供养老金、医疗保健和失业救济金等福利,统一后的德国就是如此。

各国具体的混合方式各不相同。例如,加拿大和英国与美国的经济体制类似,但是,加拿大和英国主要推行的是公共医疗系统,而美国则是私人医疗系统(基本上)。

北欧模式

所谓的北欧模式指的是高福利、高公共支出和高税收的体系。在经济自由度上,这些国家的水平为"大部分自由",但是不平等问题没那么严重,而且幸福程度较高。(在21世纪初,冰岛曾短暂地尝试过推行自由市场资本主义,但以惨败收场,因为政府放松管制后,冰岛的金融领域在全球金融危机期间崩溃了。)

社会主义经济

在广义上,社会主义经济是指生产资料归集体所有(例如,合作社)的经济制度。

中国推行的就是以公有制为主体、多种所有制经济共同发展和按劳分配为主体、多种分配方式并存的社会主义市场经济制度。

国际货币基金组织和世界银行

国际货币基金组织（IMF）和世界银行属于布雷顿森林机构。

布雷顿森林会议

1944 年，44 个联盟国家的代表在美国新罕布什尔州布雷顿森林召开会议，即著名的布雷顿森林会议，以确定战后国际货币和金融体系的管理，并在会上创立了国际货币基金组织和国际复兴开发银行（世界银行前身）。会上的关键决定由美国代表主导，其次是以凯恩斯为首的英国代表。

华盛顿共识

国际货币基金组织、世界银行和世界贸易组织在塑造战后经济秩序方面发挥了重要作用。然而，这些组织（尤其是国际货币基金组织）也面临着争议，批判者指责这两个机构在明显无效的情况下仍将所谓的"华盛顿共识"解决方案强加给经济不稳定的国家，其中包括私有化、企业减税、放松管制、贸易自由化等。

国际货币基金组织

国际货币基金组织的任务是促进国际货币合作、向发展中国家提供咨询和其他支持并为面临国际收支问题或债务危机的国家提供紧急贷款。

世界银行

国际复兴开发银行之后成为世界银行集团的一部分。顾名思义，该银行的任务是为发展项目提供资金，例如学校、卫生中心和其他公共基础设施的建设。

自 2013 年以来，世界银行确定了"到 2030 年消除极端贫困，促进共同繁荣"的工作框架（此框架得到了一致认同）。

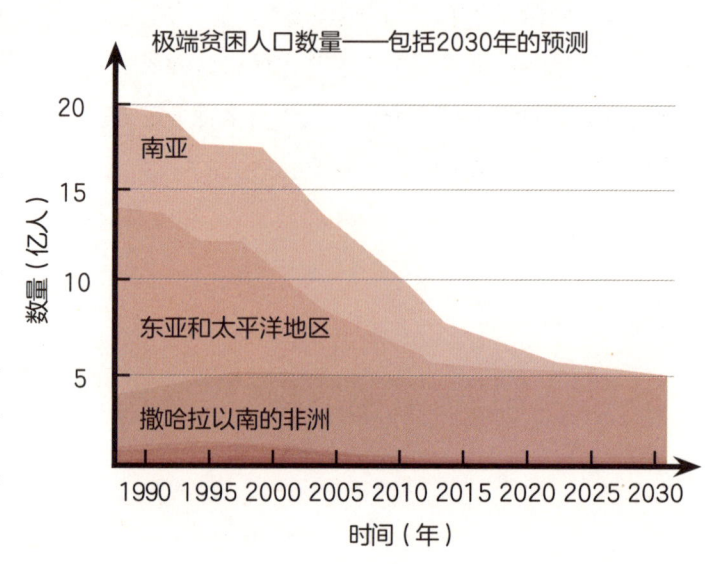

极端贫困人口数量——包括2030年的预测

数量（亿人）

南亚
东亚和太平洋地区
撒哈拉以南的非洲

时间（年）

劳动

劳动是多数人为了挣钱而不得不去做的事情。

维多利亚时代的工作条件

马克思和恩格斯撰写的《共产主义宣言》，在很大程度上是对维多利亚工人在曼彻斯特等城市所忍受恶劣工作环境的回应。恩格斯还曾在曼彻斯特一家他父亲与别人合开的工厂里工作过一段时间。

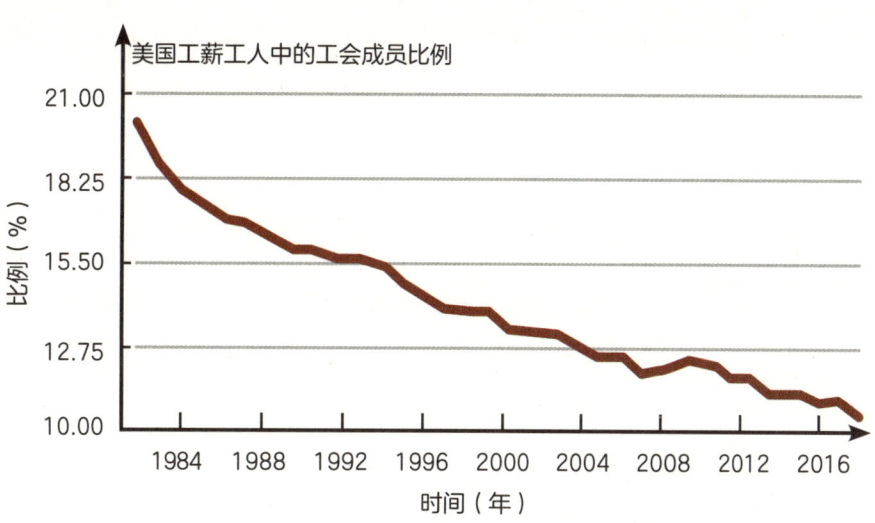

美国工薪工人中的工会成员比例

比例（%）

时间（年）

有人认为，工会故意给工会成员高薪会损害生产力。哈佛大学的格雷戈里·曼昆（Gregory Mankiw）认为，"较高的最低工资会迫使工资高于平衡供需的水平"。美国通货膨胀后的政府人员最低工资于1968年达到峰值，与此同时，工会成员人数也达到最高峰。

工会

工会合法化后，工人获得了议价能力，工作条件便逐渐得到改善。到20世纪初，一些富裕的工业化国家开始推行法定最低工资，然而，到20世纪80年代前后，由于经济学家的干预，这种情况发生了逆转。

人工智能

如今，超全球化导致发达国家工人的议价能力被削弱，人工智能和机器人技术的出现也导致工人愈发要与机器竞争。（当然，如果机器可以智能到要求加薪的时候，情况又会不一样了。）

不过好的一方面是，在一些国家中，许多工人的工作条件已经有了显著改善。

政府的作用

政府最理想的作用是什么,这在经济学中尚没有定论。

缩小政府规模

一方面,政府不像私营企业那样需要面对竞争,所以常常会面临怀疑甚至是更糟糕的态度。米尔顿·弗里德曼曾调侃说:"如果让联邦政府来管理撒哈拉沙漠,那5年后就会出现沙子短缺了。"

基本需求

另一方面,即使是弗里德曼也承认,我们确实需要国家来"监管体制、创造有利于竞争的条件、防止垄断、提供稳定的货币框架并缓解人们遭受的深重苦难和不幸。"

许多经济学家也同意,政府应该提供失业保险、社会保险和医疗保险等私有领域无法提供的服务。公共教育也有"正外部性",例如确保劳动力获得良好的教育。此外,新冠肺炎疫情的大流行也凸显了政府在紧急情况下的作用。

产业政策

一些经济学家认为,政府应该在制定产业政策等方面发挥更积极的作用,这在美国是不允许的,不过美国政府资助了很多军事研发项目,研发成果包括互联网、全球定位系统(GPS)、触摸屏等关键性创新。

法规

国家强大还能够有效地预防垄断,尤其当垄断者是世界巨头企业时。

经济模型（一）

经济模型

经济学中的模型指的是经济的抽象、数学表现形式,用以检验观点或进行预测,包括"供求法则"和宏观经济学家用来模拟整个经济的更复杂模型。

> **说明你的看法**
>
> 继杰文斯和瓦尔拉斯等第一批新古典主义经济学家以来,经济学家越来越多地开始使用数学模型。数学模型的一个优点在于能够让经济学家清楚地说明自己的假设,而且模型预测还可以与实际数据进行对比。

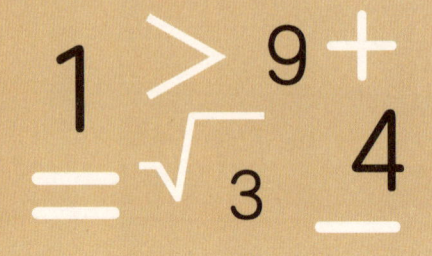

滥用模型

在实际应用中,只有少数想法相同的专家才能理解模型的假设和结构,这就导致模型容易被滥用,这是数学模型的一个缺点。如后文所言,数学模型与全球金融危机密切相关,因为宏观经济学家使用的模型未能预测危机,而金融家和监管者使用的模型又助推了危机的爆发。

小心使用

因此,人们必须谨慎使用数学模型,并清楚地说明建模的结果和假设。新古典主义经济学家阿尔弗雷德·马歇尔使用的方法是:

1. 把数学当作速记语言,而不是探究的动力;
2. 坚持完成模型;
3. 把模型转化成文字;
4. 援引一些生活中的重要实例;
5. 把数学模型扔到一边去;
6. 如果做不到第4项,那就不要做第3项。

威廉·配第

威廉·配第（William Petty, 1623—1687）是最早用数学方法研究经济的科学家之一。他曾担任爱尔兰军队的首席医疗官，之后受命绘制了整个爱尔兰的地图。

绘制地图

威廉·配第在绘制地图时，要记录每一块土地的详细情况，包括土地所有权、耕种收入或租金。土地的价值按该土地年收入的20倍计算。

不过，所有权不明或有争议的土地的处理有些棘手。这个问题最终是如何解决的呢，给大家一个提示：三年的测绘项目结束后，配第一跃成为在爱尔兰各地都拥有房产的富有地主。

计算经济总量

配第回到英国后，与牛顿等著名科学家一道创立了英国皇家学会。配第首创了详细的国民经济计算方法，这远远早于国内生产总值这一概念产生的时间。

配第估算：

总人口：600万

年均支出：7英镑/人

总支出：4 200万英镑

可出租土地：2 400万英亩①

平均租金：0.33英镑/英亩

租金总收入：800万英镑

资本投资回报率：800万英镑

劳动价值

由于总收入必须等于总支出，所以配第推断，剩余2 600万英镑的收入必须来自劳动。他假设土地、劳动力和资本的投资回报率都为5%，据此推断出劳动的总价值为5.2亿英镑。

---

① 英美制面积单位，1英亩约为4 046.86平方米。——编者注

自由放任经济学

弗朗斯瓦·魁奈（François Quesnay，1694—1774）大学学习的是医学。在他之前的英国生理学家和医生威廉·哈维（William Harvey）发现了血液循环的规律，受此影响，魁奈认为货币也以相似的规律在农民等生产阶级、土地所有者阶级和工匠等不生产阶级三个阶层之间进行再分配。

《经济表》

经济的最终动力来源是农业。1758年，在《经济表》（*Tableau Économique*）一书中，魁奈基于估算法国实体经济模型绘制了经济流程表。

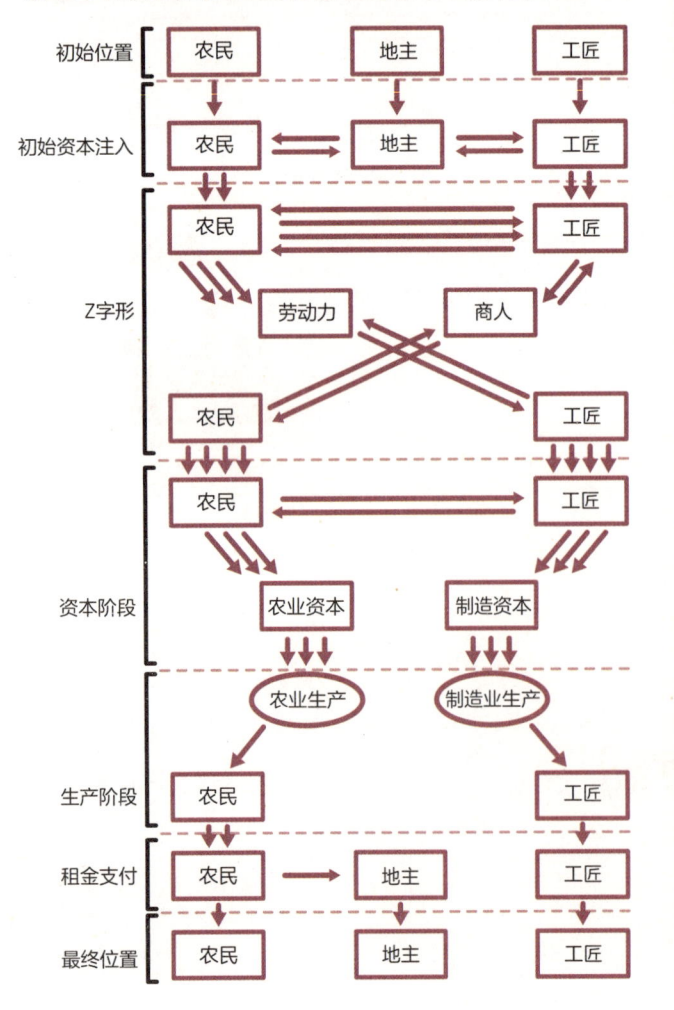

重农学派

魁奈是重农学派的领袖，该学派被公认为首个有组织的经济学家团体。重农学派认为只有农民阶级可以生产盈余，既然财富源于土地，那国家获取资金最简单的方式就是对地主征收单一税，因为地主除了收租什么都不做。

自由放任

重农学派的理念是，经济的其他部分应该自由运行，不受限制，即自由放任（"laissez-faire"是法语单词，与英文中的"let do"同义）。大革命之前，法国的重农学派并没有获得国内地主的支持，但是他们的自由放任方法影响了亚当·斯密和奥地利学派的经济学家。

莱昂·瓦尔拉斯

法国经济学家莱昂·瓦尔拉斯（1834—1910）是新古典经济学的奠基人之一。

经济学要义

瓦尔拉斯在洛桑大学（University of Lausanne）任教时，在1874年出版的《纯粹经济学要义》（Elements of Pure Economics）一书中建立了多种商品交易市场的首个数学模型。

亚当·斯密认为，市场通过买卖双方达到均衡。瓦尔拉斯则将这一理论具象化了，其假设价格有初始值，之后会调整到买卖双方达成一致为止。

静态均衡

瓦尔拉斯使用了一组复杂的数学方程来展示这一过程。他自己虽然不能解方程，但是可以证明理论上是应该存在均衡解的。

瓦尔拉斯的模型推动了经济学走向更科学的道路，并且为今天经济学家使用的均衡模型奠定了基础。

摸索道路

实现均衡的过程很复杂，因为在一个存在多种商品的市场中，一种商品价格变化会引发其他商品价格变化，产生连锁反应。因此，瓦尔拉斯假设市场中存在一名拍卖商，买方和卖方将详细的买卖数量或价格表提交给拍卖商，拍卖商在摸索的过程中调整价格，直至价格达到均衡，供给和需求匹配，市场出清。

帕累托法则

维尔弗雷多·帕累托是一位意大利经济学家,他接替瓦尔拉斯担任洛桑大学政治经济学教授,他对经济学的贡献包括帕累托效率和帕累托法则等概念。

帕累托效率

帕累托效率指的是经济已经实现最优均衡,改变任一条件都会导致至少一人的状况变得更糟。帕累托法则指的是多数财富和权力呈偏态分布,由少数人掌握。

(事实上,这些理论并不矛盾,这也是经济学一直难以解决不平等问题的一个原因。)

80/20法则

帕累托法则,又称80/20法则。帕累托观察发现,在意大利和其他国家,20%的人掌握着大约80%的财富。

无标度

此外,财富的分配是无标度的,也就是说并不存在平均财富水平,多数人只有一点点钱,但少数人拥有巨额财富。

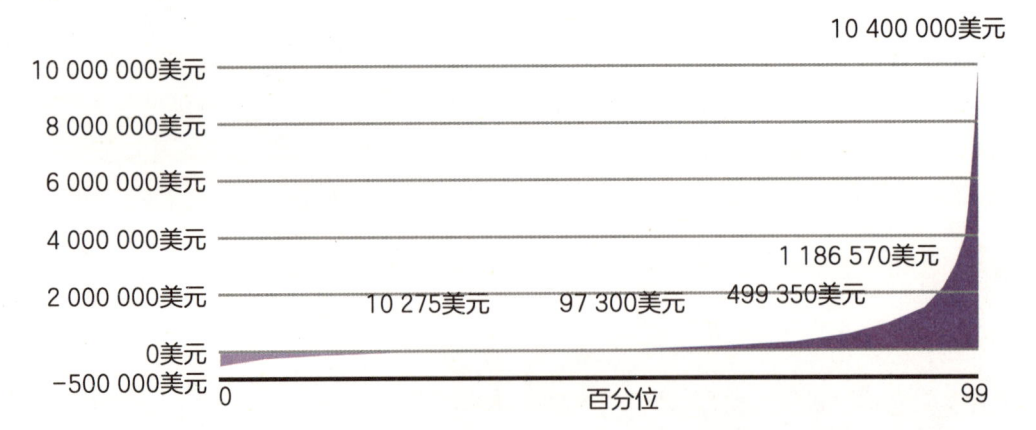

在商业领域,人们常说20%的客户贡献了80%的销售额。事实上,这种无标度分配表明复杂的系统是由正反馈效应控制的(例如,"富人更富")。很多自然系统也是如此,例如地震,多数地震都是小地震,但也有少数极端事件。

IS‑LM 模型

1937年，英国经济学家约翰·希克斯（John Hicks）提出IS-LM模型，试图用一个图表总结凯恩斯主义经济学的关键内容。图表与供求图表相似，但是图表展示的不是价格与数量的关系，而是利率（货币价格）与产出的关系。

投资和储蓄

IS 曲线显示的是投资和储蓄的平衡点。曲线向下倾斜，因为利率越低，投资水平越高，进而产出增加。

流动性和货币

LM 曲线显示的是用"流动性偏好"（货币需求）平衡货币供给（由央行决定）的点。曲线向上倾斜，因为产出越高，收入越高，货币需求也更高，因此利率也需要更高。

经济均衡

两条曲线的交点代表利率和产出的均衡点。图中的曲线可以用于研究政策变化的影响。例如，政府支出增加会导致 IS 曲线右移至 IS'（移动量根据乘数计算），从而提高均衡产出。货币供应量增加会导致 LM 曲线下移至 LM'（移动量由央行决定），从而降低利率。

希克斯凭借 IS-LM 模型获得了诺贝尔经济学奖，如今大学里仍在教授这一模型，不过希克斯随后提醒说，这一模型过于依赖"均衡方法的使用"。

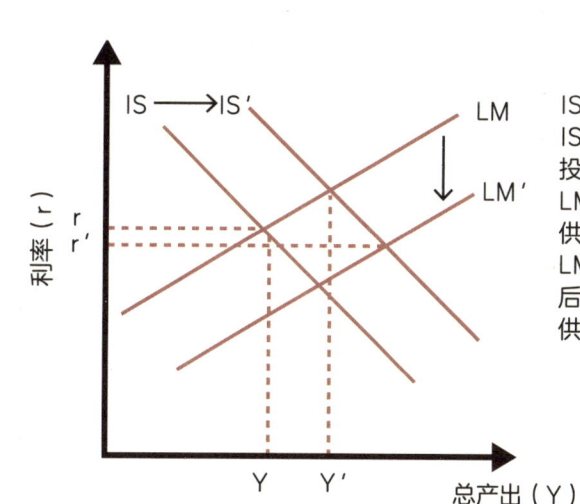

IS：投资—储蓄曲线
IS'：政府支出增加后的投资—储蓄曲线
LM：流动性偏好—货币供给曲线
LM'：货币供应量增加后的流动性偏好—货币供给曲线

菲利普斯曲线

新古典综合派理论中还有一个关键部分，即菲利普斯曲线，由新西兰经济学家威廉·菲利普斯（A.W.Phillips，1914—1975）提出。

数据分析

古典经济模型假定通货膨胀不会造成显著影响，因为重要的不是名义价格，而是实际价格。然而，菲利普斯在分析了英国近一个世纪的经济数据后，认为名义工资增长率与失业率之间呈反比关系，工资涨幅越高，实际工作的人数就越少。

失业率与通货膨胀

菲利普斯曲线表明，失业率与通货膨胀率存在一种交替的关系。因此，政府可以实施凯恩斯主义政策来刺激经济，降低失业率，但也只能降到通货膨胀可控的程度。

停滞性通货膨胀

通货膨胀率和失业率之间这种明确的关系一直持续到20世纪60年代，但在20世纪70年代，情况发生了变化，原来一个经济体中可以同时出现高通货膨胀率和高失业率。

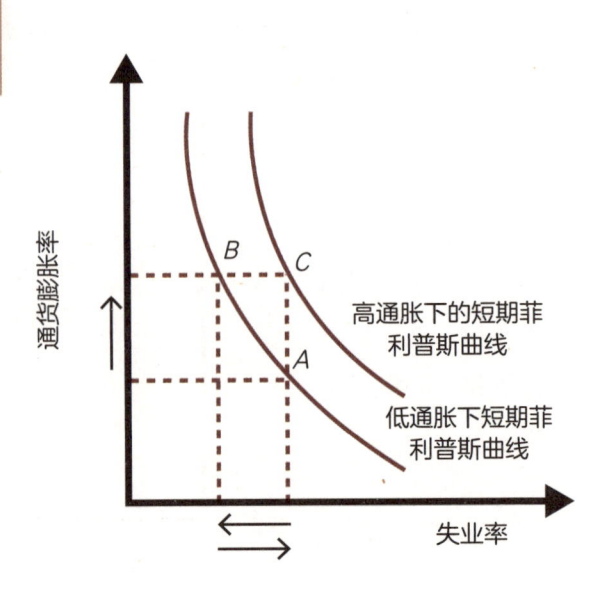

自然失业率

经济学家和财经媒体仍然在使用菲利普斯曲线的衍生模型来讨论短期效应。然而，现在许多经济学家更倾向于采用另一有争议性的概念，即自然失业率，指的是就业市场达到均衡的（理论）最低失业率。

期望效用理论

数学家约翰·冯·诺依曼（John von Neumann，1903—1957）在了解到瓦尔拉斯的《纯粹经济学要义》后，认识到经济交易可以是数学上的博弈，在这个过程中，买卖双方都想要优化自己的效用。

博弈论

在与经济学家奥斯卡·摩根斯特恩（Oskar Morgenstern）合著的《博弈论与经济行为》（Theory of Games and Economic Behaviour）一书中，冯·诺依曼提出了预期效用理论，解释了一个理智的人在结果不确定时如何决策。

做这样的决定就像购买特定数额奖金的彩票，彩票的预期效用是奖金的效用乘以获得奖金的概率。

在面临两种选择时，人们会选择期望效用更高的一种。但是，如果要确保理论的一致性，还要做出多种假设，比如说人们会有固定偏好。

边际效用递减

获得彩票奖金的效用与获得奖金并不完全相同。这种想法源自18世纪的数学家丹尼尔·伯努利（Daniel Bernoulli），他提出，从心理学的角度来看，随着金额增加，货币边际效用曲线会趋于平缓。例如，如果现金增加一点，富人得到的快乐要比穷人少。行为心理学家之后对预期效用理论做了进一步的修改，后文将会提到。

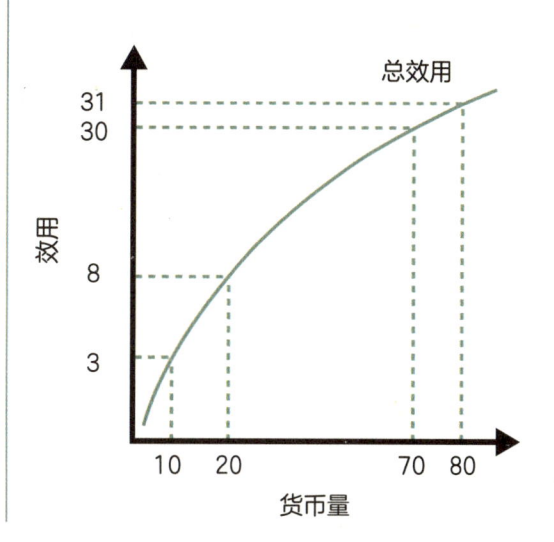

囚徒困境

冯·诺依曼认为，经济学的本质在于人们不仅要考虑自己的行为，还要考虑他人的行为。囚徒困境就是例子。

刑期

假设两名罪犯因犯罪被逮捕并分开关押。检察官给每名犯人的选择是：检举对方犯罪或保持沉默。如果两名犯人都保持沉默，两人都会以情节较轻的罪行被判处一年有期徒刑；如果两人相互检举，两人都将被判处两年有期徒刑；如果有一名犯人检举对方，另一名保持沉默，那么检举者将被无罪释放，而另一名犯人将会被判处三年有期徒刑。

因此，如果一名犯人不检举对方，那该人的刑期为一年或三年；假设两种刑期的可能性相当，则此人的预期刑期为两年。

如果该名犯人选择揭发对方，此人要么获释，要么获刑两年，预计刑期是一年。因此，理性的犯人会选择检举对方。

冷战博弈

早在20世纪50年代，人们就用囚徒困境博弈来分析冷战时期的战略，之后又用其分析卡特尔［如石油输出国组织（OPEC）］无法阻止其成员暗中弄虚作假的原因。

当然，真实的监狱采用的是另一种不同的博弈论，而且弄虚作假的后果往往会更严重。

阿罗-德布鲁模型

20世纪50年代,经济学家肯尼斯·阿罗(Kenneth Arrow)和吉拉德·德布鲁(Gérard Debreu)在瓦尔拉斯的理论基础上,建立了理想市场经济的详细模型。

看不见的手定理

阿罗和德布鲁利用博弈论中的不动点定理来证明市场将达到一个最优不动点,到达该点后,如果条件发生变化,势必会导致至少一人的状况变得更糟(帕累托最优)。

这一结果从数学上证明了斯密的理论,即自由市场本质上具有自我稳定性,能够将价格调整到最优水平,所以很快就被称为"看不见的手定理"。

精华

在冷战期间,阿罗-德布鲁模型还发挥了宣传作用,向人们展示资本主义。很快,这一模型便被视为新古典经济学的精华,并推动了均衡模型的开发,今天的决策者仍在使用均衡模型。

超理性

然而,阿罗-德布鲁模型所依据的是理性经济人能力的扩展,使其拥有无限计算和为未来的每种可能制订计划的能力等。

模型排除了任何可能会阻碍完全竞争的因素,模拟的是一种易货经济,且货币在其中毫无作用。

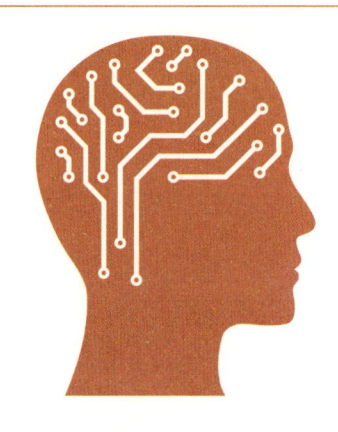

代表性主体

早期的经济学家没有可以用于模拟单个主体的工具，但他们认为，模拟单个代表性主体就够了。现代的经济学家也经常采用同样的策略。

微观基础

代表性主体的概念可以追溯至法国科学家阿道夫·凯特勒（Adolphe Quetelet, 1796—1874），他认为可以从"普通人"的角度来分析社会。

很多现代经济模式仍然用代表性主体来代表消费者或生产者。例如，总需求曲线可以用来代表社会的平均需求或一个普通人的需求。因此，整体属性源自对个体行为的分析（经济学家称之为微观基础）。

合成谬误

然而，这种理论是有问题的，因为符合群体中一名成员的情况并不一定适用于整个群体，即"合成谬误"。例如，在音乐会上，一个人可以为了获得更好的视野站起来，但如果所有人都站起来，那这种优势将不复存在。群体行为有其自身的变化规律。

没有人是普通人

在使用代表性主体策略时，经济模型无法体现市场组织方式的细节，或不平等等问题。普通人概念对于财富等来说也没有意义，因为财富呈偏态（无标度）分布。在美国，普通员工的平均年薪约为 57 000 美元，而高管的平均年薪是其 270 倍左右，当然具体情况会有所不同，但全球范围的差异更为明显。据乐施会（Oxfam）[①]统计，全球最富有的 22 名男性的财富加起来超过非洲所有女性拥有的财富总和。在一定程度上，正是因为这样的不平等，经济学家才越来越多地使用直接反映个体情况的代表性主体模型，下文将进一步讨论。

---

① 国际发展和救援组织的联盟，其宗旨为"助人自助，对抗贫穷"。——译者注

DSGE 模型

DSGE模型被称为宏观经济学的主力模型,经济学家用这一模型来模拟经济并提出政策建议。

它代表什么

DSGE(Dynamic Stochastic General Equilibrium)的意思是动态随机一般均衡。

"均衡"指该模型假设经济中有稳定的均衡状态,这一点跟之前的瓦尔拉斯和阿罗-德布鲁模型一致。

"一般"指模型中要包括所有市场,但是,模型是基于经济的易货观点建立的,所以通常不包括金融行业的整体(或绝大部分)表象。

"随机"指模型中包含随机扰动,如商品价格冲击或技术发展,这些都属于外部效应。

"动态"指模型展示的是经济在遭受此类冲击后如何恢复均衡。

例如,在模拟开始之时,消费者会出于某种原因改变行为,图表会展示多个经济变量如何应对这样的"偏好冲击"。

摩擦

2007—2009年全球金融危机之后,经济学家尝试将阻碍均衡实现的"摩擦"加入DSGE模型,以改进这一模型。但更深层次的问题是,这些模型在初始阶段就假设了均衡状态的存在,所以它们根本无法展示金融不稳定等因素的影响。

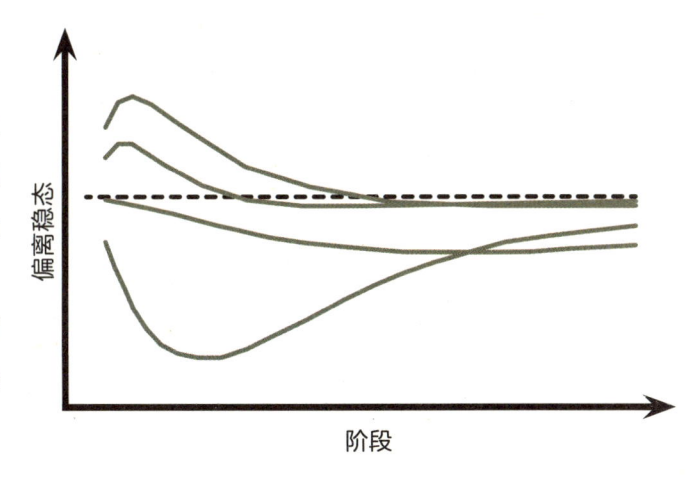

计量经济学

计量经济学，即"用定量分析法研究经济"，指的是使用统计方法来分析经济。

回归

计量经济学的主要工具是回归分析，简单来说就是将数据拟合为一条直线。假设在图表上展示两个变量，如果两个变量的数据呈直线关系，那么计量经济学家可以认定这两个变量相互关联，有可能是存在因果关系。

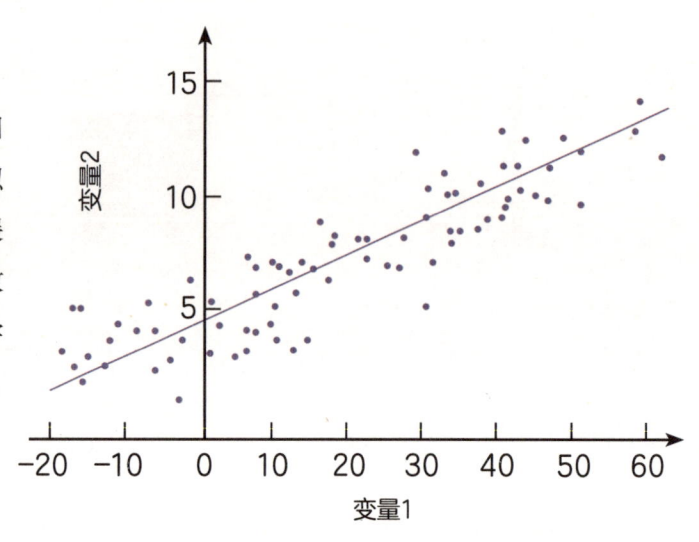

法定原子

这种方法与其他建模方法一样，也要依赖多种假设。例如，两个变量的相关性始终是稳定的、二者的关系往往是线性的、所有相关的经济变量都可以计量以及一切都遵循凯恩斯所说的"自然法的原子性"。如果这种假设成立的话，物质宇宙体系就是由法定原子构成的，每个原子都能单独发挥稳定的作用。

机器学习

机器学习等新工具在分析数据时所作的假设限制更少，并且能够发现数据中的规律，甚至能在一些领域发挥积极作用，如医疗保健领域。

经济不可预测性

经济学家和决策者经常使用经济模型来预测经济在政策变化后的发展和反应。遗憾的是,大量的经验和证据表明,经济模型几乎没有什么预测能力。

无法预测

我们无法预测经济的一些原因包括:外部冲击、自反性、有效性及预测稳定性。

外部冲击

有时候,人们将经济问题归咎于外部事件,如油价突变或政治混乱,导致模型的假设变得无效(其他情况均相同时预测才有效)。

自反性

另一些人则认为,经济本身就是不可预测的,因为它非常复杂,而且具有自反性。央行如果预测到经济风暴即将来临,就会采取行动避免风暴,导致预测失效。

有效性

然而,尤金·法玛在有效市场假说里将不可预测性视为市场有效性的标志。

预测稳定性

然而,此类原因似乎无法解释全球金融危机这样的事件。诺贝尔经济学奖得主乔治·阿克尔洛夫和罗伯特·希勒(Robert Shiller)在《钓愚:操纵与欺骗的经济学》(*Phishing for Phools*)一书中写道:"很少有经济学家能够预测到会发生什么,这实在是令人难以想象。"

这也不符合预测在科学中的重要性。正如物理学家理查德·费曼(Richard Feynman)所写:"预测能力是科学的试金石。"

传统经济模型的主要问题不是其无法准确预测经济风暴,而是它将经济视为一个均衡系统,所以从根本上排除了经济风暴发生的可能性。如后文所述,这也推动了将不稳定性考虑在内的新方法的发展。

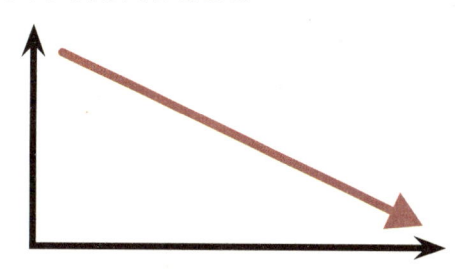

综合气候经济模型

20世纪90年代初,耶鲁大学经济学家威廉·诺德豪斯(William Nordhaus)提出动态综合气候-经济模型(DICE),美国环保署(Environmental Protection Agency)等组织将该模型用于预测和评估环境政策。

危机,哪里有什么危机?

诺德豪斯在2017年的一篇论文中预测了气候变化的影响:"把所有因素都考虑在内的最终结果是,升温3℃会导致全球经济损失2.1%,升温6℃会导致全球经济损失8.5%。"

经济损失8.5%,这听来很严重,但这是一个持续多年的过程,所以更多的是经济放缓,而不是真正的危机,至少从狭义经济角度来说是如此。

诺贝尔奖认可

2018年,诺德豪斯因其对这一领域的研究荣获诺贝尔经济学奖。然而,经济预测者指出,气候模型和经济模型都无法做出可靠的长期预测,把二者结合起来也不大可能会提高预测的准确性。

关键是对于全球气候变化对经济影响的这种大胆的假设,即全球升温6℃只会导致经济增长放缓的猜想,已经受到了环保主义者的质疑。例如,《巴黎协定》中将全球温度上升幅度限制在1.5℃以内。

既然得到诺贝尔奖认可的模型也无法预测经济危机,那我们还是不要指望这些模型可以预测环境危机了。

货币

货币史

说起来令人意外的是，货币历来在经济学中发挥的作用并不突出，但其属性和历史能够让我们了解到很多关于经济的事情。

美索不达米亚

美索不达米亚的苏美尔人的信用体系是记载最为完整的古代信用体系，当时的日常经济运行由寺庙和宫殿主导。大约在公元前 3500 年，寺庙会计开始使用一舍客勒（约 8.3 克）银子作为记账工具，银子本身并没有广泛流通，而是保存在了保险库里。

楔形文字

在当时，大多数市场交易都以信用为基础，债务以舍客勒计算，用楔形文字记录在泥版上，然后在收获季节用大麦或其他商品结算。楔形文字类似于背书支票，也可以进行交易。

铸币

最早的金银铸币可以追溯至公元前七世纪的吕底亚王国（今土耳其的一部分）。铸币呈椭圆形，用金银合金（也叫琥珀金）制成，而且都是大枚铸币，一枚铸币或一舍客勒相当于一个月的薪水。

军费

古希腊货币流通的主要原因是军队需要，军队开支当时是国家的最大开支。

国家用铸币作为军费，同时对征服的地区征收可以用铸币支付的税。人们获得铸币的唯一途径就是为军队提供物资。

货币的两面性

货币本质上是二元的，既代表抽象的数字，又是实际拥有的东西。货币的这种两面性在根本上是不相容的（你可以拥有10英镑，但你却不能拥有数字10），所以货币才会如此令人着迷。

借贷

纵观历史，货币有时是虚拟信贷，有时是自有物品。

● 早期的农业帝国以虚拟信贷为主，泥版文书的价值在于上面的铭文，而不是泥板本身。

● 轴心时代（公元前800—600）广泛采用贵金属制成的实物铸币。

● 在接下来持续近千年的中世纪时期，由于贵金属短缺，虚拟信贷又流行起来，支票等虚拟工具实现了发展。

● 1492年，西班牙抵达了美洲大陆，大量的黄金和白银源源不断涌入，实物货币再次占据主导地位，并最终导致了金本位制的建立。

● 1971年，"尼克松冲击"开启了法定虚拟货币时代。我们今天所处的无疑就是虚拟货币时代，银行卡一刷便可付款，无须再使用实物金属。

符木记账

1100年，征服者威廉的儿子亨利一世（King Henry I）登上英国王位后不久就推出了一种虚拟支付系统，使用的是木棍，称为符木。

木制钱

这种符木约 10 英寸[①]长，由抛光的榛木或柳木制成，木头中间有纵向的刻痕。刻痕的宽度代表价值，"手掌厚度"的宽度代表一千英镑，"不用切割木头的刻痕"代表一分钱。

干或枝

符木的一段由债权人保管，这段较长，称为"干"；另一段由债务人保管，称为"根"或"枝"。当债务还清时，符木的两段在确认匹配后会被销毁。

符木最初主要用于征税，但很快就变成了一种通用货币形式。"干"代表着收取债务的权利，因此具有明确的价值，可以交易，也可以用来纳税。

在英国，符木的使用于 17 世纪下半叶达到顶峰，并沿用至 19 世纪。

[①] 英制计量单位，1 英寸 =2.54 厘米。——编者注

黄金和白银

人们一直将黄金和白银与货币联系起来。事实上，货币金属论或金银本位主义（源自拉丁语中的"熔化"）等货币理论认为，只有金属铸币才是真正的货币。

黄金货币

货币应该由稀有的贵金属组成，或者至少有贵金属做后盾。正如美国银行家约翰·皮尔庞特·摩根（J. P. Morgan）在1912年所言："黄金才是钱，其他的都不是。"

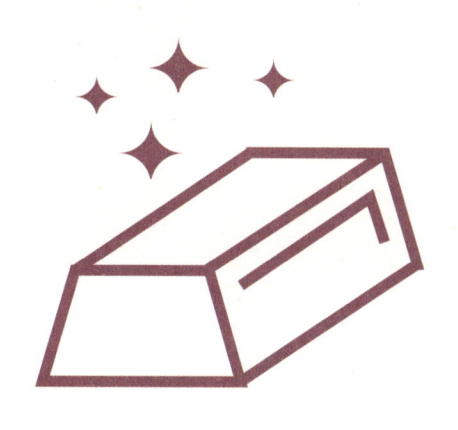

牛顿

在18世纪早期，英国的货币包括低面值银币和高面值金币（即金银复本位制）。两种货币的汇率必须恰好合适，否则被低估的货币就会被熔化并作为金属售出。所以，确定汇率的工作就交给了当时的皇家铸币局总监——科学家艾萨克·牛顿。

金银比

在历史上，黄金与白银的价格比率在12：1（罗马帝国设定）或15：1左右（1792年由美国政府设定）。然而，在过去的100年里，金银价格比已远远突破这一范围，在撰写本文时约为100：1。

纸币

11世纪时，中国最早开始使用纸币。1295年，威尼斯旅行家马可·波罗（Marco Polo）在结束中国之行回国后，将中国使用纸币的情况告知了欧洲人。

纸币

马可·波罗的描述让人们感到惊奇，他们想不到带有皇家签章和印记的纸张竟然可以当作钱币，即"可以作为纯金硬币一样使用"。

受此启发，欧洲银行家和金匠都开始发行纸质本票来换取存款，并支付给任何持有本票的人。因此，这些票据就像今天的纸币一样可以交易〔"banknotes"（纸币）一词源于14世纪的意大利语"nota di banco"（钞票）〕。

英格兰银行

1694年，英格兰银行成立，为当时处于英法战争中的英国提供资金支持。银行很快开始发行纸币，可以赎回黄金，也可以作为货币流通。

约翰·劳

1716年，苏格兰经济学家约翰·劳（John Law）在法国创立了一家非常成功的银行——通用银行（Banque Générale），这家银行发行的纸币在巴黎风靡一时。然而，由于发生银行挤兑导致经济崩溃，这场实验也以惨败收场。曾是世界首富的约翰·劳最终流落到了威尼斯，穷困潦倒。正如伏尔泰（Voltaire）所说："现在纸币才算恢复其内在价值了。"（不过事实证明这种说法是错误的。）

法定货币

法定货币一词源于拉丁语，意思是"把事做成"。约翰·劳的银行发行的纸币就是法定货币，因为这些纸币与英格兰银行的纸币不同，它由国家背书，而非由金属做支撑。

美国

美国科学家（印刷商）本杰明·富兰克林很欣赏约翰·劳的计划，他协助印刷了美国最早的一批钞票。然而，由于英国殖民者更倾向于使用以黄金为后盾的货币，所以法定货币在美国的全面推行受阻。

尼克松冲击

直到1971年，美国才正式放弃金本位制，转向法定货币体系。当时的美国正在投入大量资金用于冷战、越南战争以及阿波罗太空计划，美元逐渐失去了其作为储备货币的吸引力。1968年，米尔顿·弗里德曼写信给理查德·尼克松，促请他放弃战后以黄金为基础的布雷顿森林体系，让市场来决定汇率。

1971年8月15日，尼克松单方面实施工资和价格管制，征收进口附加税，并停止美元兑换黄金，这一事件被称为"尼克松冲击"。其他国家很快跟进，最终的结果是法定货币成了支持如今经济运行的货币体系。

部分准备金银行制度

部分准备金银行制度指的是银行发挥传统金匠的作用，吸收一些客户的存款，然后以一定利息把钱借给其他客户。

黄金储备

只要不是所有的客户都同时要求提取全部存款，这种部分准备金制度就行得通。金匠发现，一般保有10%或20%的准备金就足够了。

扩大规模

在银行业中，国家从中央银行借钱用于开支，这些钱会进入经济体系中。银行的客户把钱存入银行账户，银行就像中世纪的金匠一样，保有10%的存款（如果准备金率如此），然后把其余的钱贷给其他客户，这些钱被花掉后，会进入另一个银行账户，这个过程将不断重复。多个这样的循环带来的净效应是，经济中流通的货币总量增加了10倍。

银行挤兑

当然，如果所有储户同时要求提取全部存款，这一制度就不再可行，也会造成银行挤兑。经济学教科书中提及了这种部分准备金制度，但是现代的制度却有所不同，下文将会提到。

中央银行

中央银行是管理一国货币体系或货币联盟的机构。

最后贷款人

中央银行的一大关键职能是制定短期利率,以调整借贷成本,从而影响借贷活动。另外,央行还发挥着"最后贷款人"[此术语源自金融记者沃尔特·白芝浩(Walter Bagehot,1826—1877)]的作用,负责救助那些面临挤兑困境的小银行。

英格兰银行

英格兰银行成立于1694年,是世界上第一家独立的中央银行,也是世界其他中央银行效仿的模板。经济学家约翰·肯尼思·加尔布雷思(John Kenneth Galbraith)指出,"英格兰银行对货币的重要性就如圣彼得[①]对信仰的重要性一样。与货币管理有关的多数艺术形式和神秘故事都源于此,所以它享有这样的声誉名副其实"。

独立性

伦敦金融城实现与伦敦其他地区和英国之间的半独立是具有历史性意义的,标志着银行和国家的分离。1946年,英格兰银行被国有化,但是今天的金融城仍有自己的市长,并且执政的君主在进入这里之前要与市长沟通。多数发达国家的央行从理论上讲也不会受到政治干预。

美联储成立于1913年;欧洲中央银行成立于1999年,为欧元区制定货币政策;中国人民银行成立于1948年。

---

①耶稣十二门徒之首,他在耶稣复活又升天以后,成为门徒中的领导,是初代教会的核心人物之一。天主教会认为他建立了罗马教会,是罗马教会的第一任教宗。——译者注

银行创造货币

在多数现代经济体中,绝大多数货币都不是由央行创造的,而是由提供房屋抵押之类贷款的私营银行创造的(例如,在英国这一比例约为97%)。

凭空而来的钱

挪威央行副行长乔恩·尼古拉森(Jon Nicolaisen)在2017年的一次演讲中总结道:"你从银行贷款时,银行贷记你的账户。银行在发放贷款时会创造存款,这些存款不是从其他人的银行账户或存款金库转账过来的,而是银行创造出来的,是凭空而来的钱。"

法规要求

银行在贷款时,只需遵守监管要求和自身对准备金(偿还储户的资金)、流动性(可轻松出售以缓解暂时性冲击的资金)和资本(净值,以确保银行有偿付能力)的要求。例如,英国央行没有规定存款准备金率,银行也可以借钱来弥补资金缺口,所以此类监管措施更多的是为了确保可盈利性。

直到2014年,英国央行才承认教科书中关于部分准备金制度的内容是错误的,这是银行首次公开承认货币是以这种方式创造的,实在令人诧异。

这种状况造成的一个后果,是由于私营银行在发行货币时几乎不受限制,因此这会进一步增加金融不稳定性。

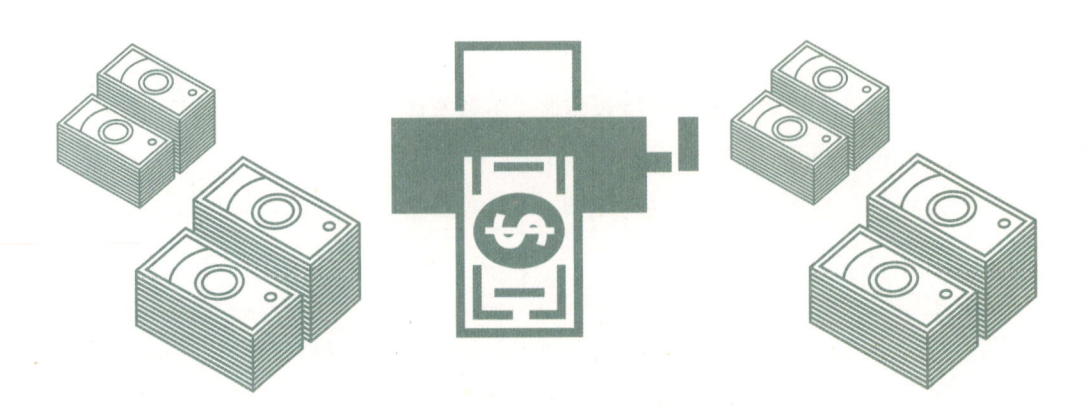

恶性通货膨胀

中央银行通过"印刷"或创造货币来偿还债务,但这些额外的货币却会导致货币贬值,这种闭环就会引发恶性通货膨胀。

闭环

如果债务是以外币计算的,那么按照本币计算的话,债务规模就更大。银行因而会印更多的钱,导致通货膨胀更严重。这样一来,人们对货币失去信心,就会用手中的钱去买入其他资产,这进一步加速了货币贬值。最终,债务规模就会庞大到需要重塑货币了。

实例

历史上发生过许多次恶性通货膨胀,例如:

· 1923年,德国为了支付战争赔款摆脱了金本位制,结果通货膨胀率飙升至30 000%,导致经济崩溃。

· 2009年,津巴布韦恶性通货膨胀最严重的时候,该国报纸开始在钞票上印刷广告,称"用钞票印广告比用纸更便宜"。

· 2015年,中央银行废除了津巴布韦元,当时1 000 000亿(100 000 000 000 000)津元可以兑换40美分。

· 2018年,委内瑞拉通货膨胀率高达1 698 488%,物价基本上每月翻一番。

所以很多人呼吁推行金本位制(或仅投资此类资产)等硬通货体系,恶性通货膨胀的威胁就是一大原因。

债务和赤字

赤字是支出和收入之间的差额。

存量和流量

经济学家把赤字称为流量,把债务总额称为存量。如果政府每年都有赤字,那么债务总额就会增加,就像浴缸里的水,不断注入的话水位就会升高。

人们往往会混淆存量和流量。赤字每年都下降并不意味着债务总额在下降,债务可能只是增长得比较缓慢而已。

日本

日本现在已经是全球第一负债大国了。这20年来,日本一直处于财政赤字状态,政府债务与国内生产总值的比率约为250%,超过美国的两倍。但日本的一个优势在于其债务多是国内债务,而美国的债务则多是外债。

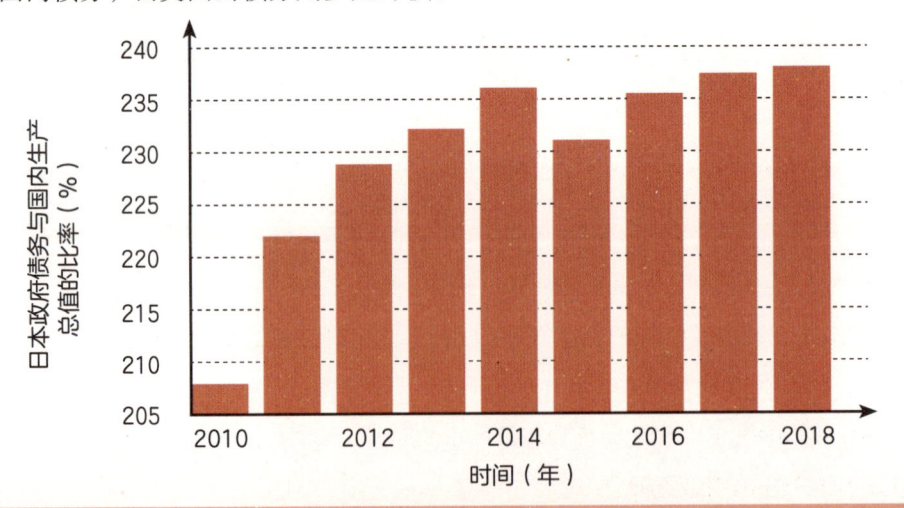

可贷资金

古典经济学家是根据可贷资金市场来看待赤字的。如果政府通过发行债券大量举债,那政府要跟其他人一起争夺资金,这将会提高利率。

然而,银行在发放贷款时实际上创造了新的资金,所以贷款资金的供应量是非常灵活的。这对于长期处于赤字的国家来说是个利好消息。

现代货币理论

支持政府削减开支的政治家们往往把国民经济与家庭预算做比较，要维持家庭预算，就要紧缩开支。然而，现代货币理论（MMT）的支持者认为，实际情况并没有这么简单，因为政府总能赚更多钱。

金钱就是债务

所以，只要债务以本国货币计价，政府就不必担心违约。事实上，如果政府没有赤字，那货币流通就无从谈起了。

基于此，征税并不是为了用于政府支出，而是为了从经济中剔除货币以控制通货膨胀，更重要的是为了激励公民使用本国货币（而不是其他货币，例如，比特币）。

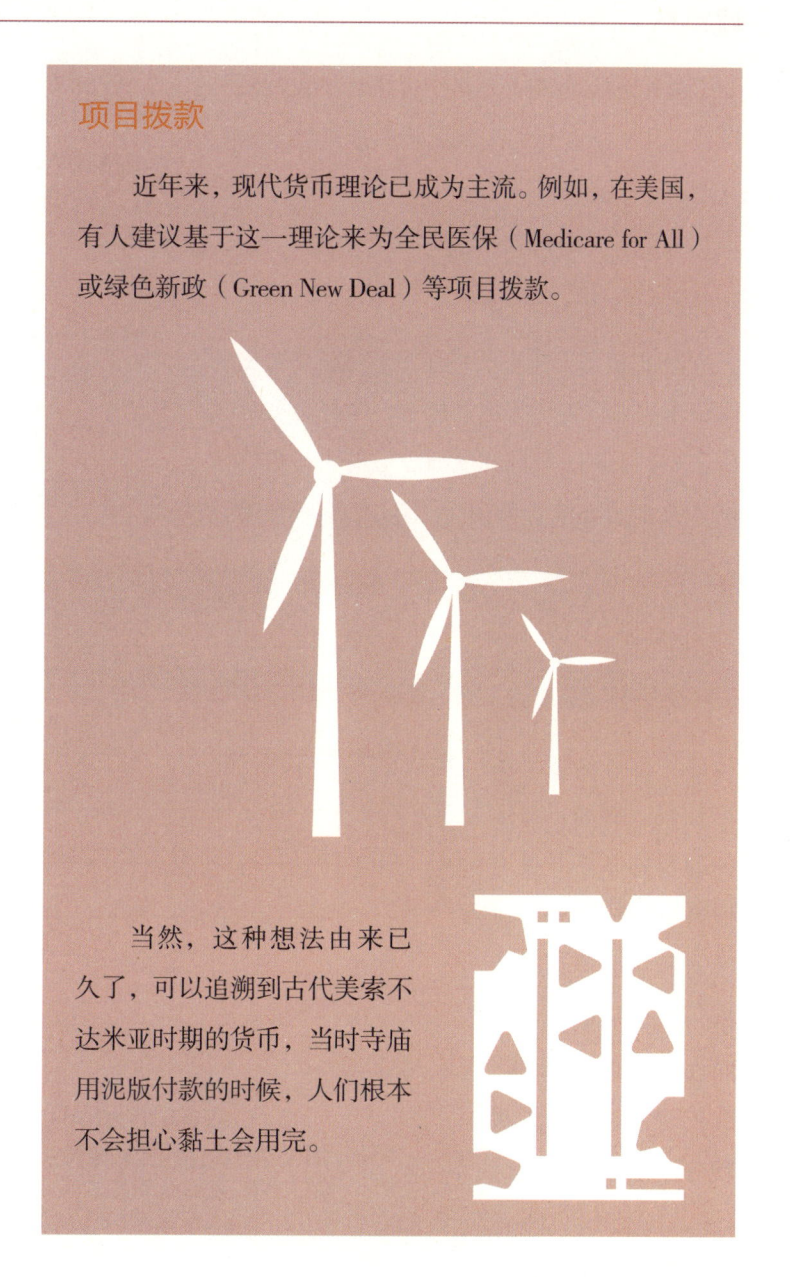

项目拨款

近年来，现代货币理论已成为主流。例如，在美国，有人建议基于这一理论来为全民医保（Medicare for All）或绿色新政（Green New Deal）等项目拨款。

当然，这种想法由来已久了，可以追溯到古代美索不达米亚时期的货币，当时寺庙用泥版付款的时候，人们根本不会担心黏土会用完。

量化宽松

央行刺激经济的主要做法是购买短期政府债券，以压低银行间的利率。但是如果利率已经接近于零，这种方法就不奏效了，那就要实施量化宽松政策了。

放宽松

量化宽松（QE）是指中央银行扩大货币发行，用于从银行购买政府债券或其他金融资产。

"量化宽松"这个名称让人费解：宽松什么？非量化宽松政策又是什么样的？量化宽松的结果同样令人费解，所以这一政策一直都招致争议。

激进政策

21世纪初，日本最早开始推行量化宽松政策来应对房地产泡沫的破裂。全球金融危机之后，美国、英国和欧洲等地的央行也尝试了类似的方法。美国于2008年年底开始实施量化宽松，在六年时间里，美联储资产负债表上的数字翻了一番多。

从理论上讲，这项政策能够增加银行的现金，用于借贷给客户，同时能够增加不同期限债券的竞争，导致利率下降，进而提振经济，提高通货膨胀率。

成效不一

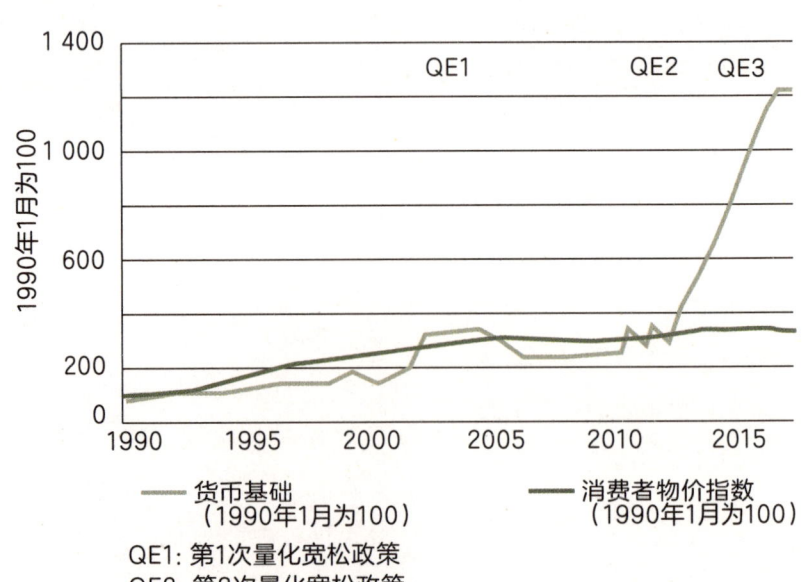

实际上，各国实施这一政策的效果不尽相同。例如，日本的通货膨胀率并没有提高，欧洲的经济也没有腾飞。但话说回来，如果这些国家当时没有实施这一政策，我们也不能确定结果就一定会更好。

QE1：第1次量化宽松政策
QE2：第2次量化宽松政策
QE3：第3次量化宽松政策

货币

基本收入

对于量化宽松，一种批评的声音，是该政策向银行体系注入资金，推高了金融资产的价格，包括房地产，继而加剧了收入不均衡状况。

为民量化宽松

有人认为，与其通过发行货币的方式从银行购买政府债券来间接刺激经济活动，不如采取更简单的"宽松"政策——把钱直接给民众。

乌托邦纲领

无条件为公民提供基本收入并不是什么新鲜事了。1939 年，凯恩斯说："这种政策在任何乌托邦政治纲领中都应占有一席之地。"早在 1516 年，托马斯·莫尔（Thomas More）就在他的《乌托邦》（*Utopia*）一书中提到了这一点。人们往往认为这种举措是社会主义性质的，但是一些保守主义者却赞同如此行事，因为政府可以避免对税收减免和优惠进行宏观管理。米尔顿·弗里德曼也认为这是一种好方法（不过他称之为负税收），因为这样一来，政府会缩小规模并自负开支。

稀缺心态

一些国家已经尝试了这种直接给民众发钱的方法，但是此法并未普遍推行。最大的障碍也许是心理层面的问题，因为我们的经济体系是基于稀缺性和竞争观念建立起来的，人们会觉得不劳而获是不道德的。但是我们大部分的财富都源于自然资源或土地价值，所以获得部分收益也是理所应当的事情。新冠肺炎疫情在全球暴发以来，人们对基本收入的兴趣明显增加了。

汇率

在浮动汇率制度下，货币之间的汇率可以自由浮动。

金本位

在国际金本位制下，各国货币与金价挂钩（战争等紧急情况除外）。1944年7月，布雷顿森林会议各方将美元确定为第二次世界大战后的参考货币。货币之间的汇率是固定的，各国通过国际贸易赚取的美元可以按照每盎司35美元的汇率兑换成金条。1971年，尼克松冲击终结了这一体系，美元等货币开始与黄金脱钩。

购买力平价

由于汇率并不稳定，因此经济学家往往会使用类似于价格指数的购买力平价来衡量一单位货币可以购买的一篮子商品数量。

浮动汇率货币

理论上，浮动汇率货币指的是汇率会随着利率、货币供应量、增长前景等经济条件的变化而调整。但实际上，这种汇率是由全球货币市场决定的，而全球货币市场是由货币投机主导的。一种货币对另一种货币价值的变化除能显示有关国家的经济基本面之外，更能说明该市场的状况。

因此，拥有浮动汇率货币的国家就会丧失一部分的货币独立性。这些国家可以以货币市场上的某一特定汇率为目标设定本国的利率，也可以出于国内原因设定期望水平的利率，让汇率自由浮动。

欧元

1929年，国际联盟首次提出欧洲共同货币的构想，1999年1月1日，11个欧洲国家正式使用欧元作为统一货币，这一构想最终实现了。

最优货币区

到目前为止，欧盟28个成员国中有19个国家使用欧元作为国家货币（最新统计），其余大多数国家计划在未来使用欧元。

在哥伦比亚大学任教的经济学家罗伯特·蒙代尔（Robert Mundell）是欧元的缔造者之一，他因对"最优货币区"理论的研究于1999年获得诺贝尔经济学奖。严格意义上说，欧盟并不符合"最优货币区"的所有标准，例如，高劳动力流动性和共同的经济驱动因素等。但是，统一的货币能够带来诸多益处，例如消除货币交换需求、加强欧洲的认同感、对政客施加财政纪律等。

欧洲央行

欧元区的货币政策由欧洲央行（ECB）制定，但不同的是，欧洲央行没有财政部门，也没有强大的中央政府支持。因此，成员国相当于要用外币实施财政政策并支付赤字。2015年，希腊因无法偿还欧元计价的债务而爆发债务危机，差点因此退出欧元区，这也暴露了欧元区的紧张局势。

信用卡

20世纪50年代，信用卡问世。信用卡彻底改变了我们的购物方式，也给经济造成了持久的影响。

纸板卡支付

弗兰克·麦克纳马拉（Frank McNamara）是一家公司的创始人，有一次，他在纽约外出就餐时忘了带钱包，于是想到了可以设计一张能用来购买东西的卡片。1950年，他推出了纸板做的大莱卡（Diners Club，是一种付款卡，最终发展成为国际通用的信用卡，1961年改为塑料材质），富有的顾客可以凭此卡片在卡背面列出的餐馆就餐，然后在月末结算。

塑料卡支付

20世纪50年代末，美国运通公司（American Express）推出赊购卡，美国银行（Bank of America）推出了美国银行卡（1977年更名为维萨卡，即Visa），行业竞争开始了。维萨卡是信用卡，也就是说债务是有利息的。

20世纪60年代，英国巴克莱银行（Barclays Bank）推出巴克莱卡，纽约城市银行（City Bank of New York）推出了万事通卡（Everything Card），后更名为万事达卡（Master Card），美国运通又推出了金卡，之后其他银行纷纷效仿，因为人人都喜欢金子。

债台高筑

目前，美国信用卡债务总额超过10 000亿美元。未付款项推高了利率，这些高达2%～3%的处理费用也成为信用卡公司、银行、支付处理机构和清算所等中间机构的主要利润来源。信用卡支付十分便捷，所以对很多人来说，现金已经成为老古董了。

数字加密货币

2008年11月，一位化名中本聪（Satoshi Nakamoto）（日本男性名字）的作者在网上发表了一篇论文，描述了一种可以使用计算机"挖矿"并进行监控的新型的网络货币，即比特币。

区块链

"中本聪"本人挖了首批4.3万枚比特币，并将其中一部分免费分发给了他在线上聊天论坛里认识的其他人。"挖矿"指的是验证交易的复杂计算过程，"矿工"会得到比特币奖励。

在此之前已有人尝试使用网络货币，但比特币的创新之处，在于所有交易都记录在被称为区块链的数据库中。由"矿工"负责监控数据库和验证交易，并通过加密技术对交易进行保护。

它是货币吗？

继比特币之后，越来越多的加密货币不断涌现，令人眼花缭乱。经济学家也就比特币是否属于货币展开了讨论。

天降财富

一年后，比特币的用户社区发展了起来，还有人建立了网站，将比特币的价格确定为开采比特币所需的能源，但随着越来越多的用户加入这一网络，挖矿变得越来越难。当时，一枚比特币的价值约为0.08美分，但其价格波动非常大。

经济增长

新古典经济增长模型

经济学的目标虽然是实现经济增长，但经济学家直到20世纪50年代才开始正式建立经济增长模型。

生产函数

罗伯特·索洛（Robert Solow）凭借新古典经济增长模型获得了诺贝尔经济学奖。在这一模型中，他使用柯布－道格拉斯生产函数来模拟产出：

$$Y = AL^{\alpha} K^{1-\alpha}$$

在这个等式中，Y 代表生产产出，K 代表资本投入（如工厂），L 代表劳动力数量，A 代表技术变化的时变数。索洛将技术变化粗略地定义为"生产函数的任何改变"，所以劳动力教育的放缓、加速和改善都可以算作"技术变化"。α 是可以实现数据拟合的参数。

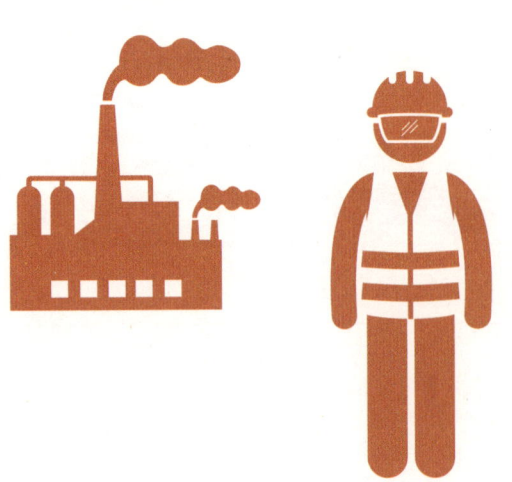

外部冲击

举一个简单的例子，假设资本投入与劳动力数量相同，那么 $K=L$，所以方程就简化为 $Y=AL$。如果 A 不变，则产出就会随着劳动力数量增加而增长。该模型的一个特点是，一般在没有技术变化的情况下，由于回报呈递减趋势，所以即便资本增加，人均增长最终也会减少到零。因此，为了保持增长，经济必须经受外部冲击，例如技术进步。因为冲击来自模型之外，所以索洛的模型属于外生经济增长模型。

经济增长

创造性破坏

创造性破坏往往跟资本主义自由竞争的积极影响有关联。

产业突变

"创造性破坏"一词由卡尔·马克思首创，之后被奥地利经济学家约瑟夫·熊彼特普及开来。熊彼特认为创造性破坏是资本主义内在矛盾的表现，并将最终导致资本主义的灭亡。

熊彼特在其1942年出版的《资本主义、社会主义与民主》（Capitalism, Socialism and Democracy）一书中写道："工业突变的过程就是不断地从内部变革经济结构、不断地摧毁旧的经济结构、不断地创造新的经济结构的过程。这种创造性破坏的过程是资本主义的本质性事实。"

企业家

企业家推动创新，也正是这一小批人在"做新的事情并颠覆新的事情"。

熊彼特举了19世纪美国铁路公司的例子：铁路公司扩大了市场规模，提高了生产力，但也破坏了原有的农业体系。

如今，优步（Uber）和亚马逊（Amazon）之类的公司和埃隆·马斯克（Elon Musk）这样的梦想家也带来了创造性破坏，马斯克的电动汽车很有可能会在21世纪颠覆交通行业。

商业周期

主流经济理论认为经济会实现长期均衡，但现实中，经济似乎是要经历周期性的繁荣和萧条，每次萧条过后就会出现繁荣，繁荣过后是萧条，依此循环往复。

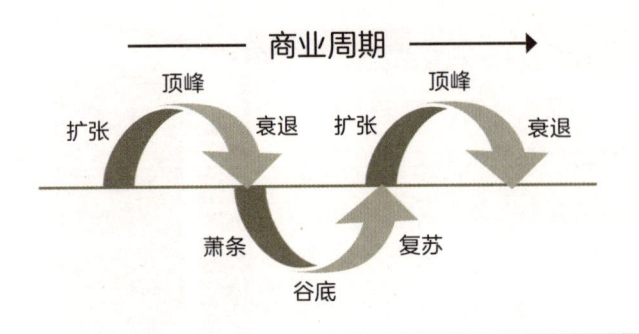

经济衰退和萧条

经济衰退是暂时性的经济下滑，一般指的是连续两个季度产出下降，同时伴随失业率上升。经济萧条与经济衰退类似，但情况更严重。

全球性的看不见的手

主流理论认为，经济在衰退和萧条后会自然实现复苏。美联储前主席艾伦·格林斯潘（Alan Greenspan）曾表示这背后有"全球性的'看不见的手'"在推动。在短期内，发生负需求冲击之后，价格（包括工资）保持不变，但随着企业缩减库存，产出会下降到短期均衡水平。价格保持得越久，这个阶段持续的时间就越长。从长期来看，价格会下降，但产出会恢复到原来的水平，长期均衡也得以恢复。

但这种结论的前提是市场存在均衡状态，而均衡状态却与经济衰退和萧条的存在是矛盾的，除非你假设经济衰退和萧条都是"外部冲击"造成的。

经济萎缩

经济萧条一般指经济产出下降持续两年或更长时间，或者经济下滑幅度超过10%。20世纪30年代初，全球经济萧条发生后，经济萧条一词流行开来。

相比之下，2007—2009年的全球金融危机（或"经济大衰退"），则是截然不同的状况。

看得见的手

不管是经济衰退还是经济萧条，政府都可以发挥"看得见的手"的作用，实施财政或货币政策来加速经济复苏。财政政策适用于长期调整，而货币政策则适用于短期微调。

人力资本

在经济中，机器和基础设施都属于资本形式，可以用于创造价值。人们也拥有"人力资本"，即知识、技能和创造力等，可以在经济中发挥作用。

投资于人

就像一个国家拥有可以开采或获取的自然资源，企业也拥有以人的形式存在的"人力资源"。

教育、培训和医疗保健等投资可以改善人力资本，但对经济的影响并非立竿见影。

熟练劳动力并不是新概念，但"人力资本"一词是诺贝尔经济学奖获得者加里·贝克尔在其1964年的《人力资本》（Human Capital）一书中推广开来的。他认为，一个人的产出在一定程度上取决于其人力资本的回报率，所以对人力资本投资会带来额外产出。

社会资本

除此之外，还有社会资本。美国政治学家罗伯特·帕特南（Robert Putnam）将社会资本定义为社会关系和社交网络的价值。

人非机器

如果把物质资本和人力资本混为一谈，那就等于把人当作机器，这肯定会让马克思等早期经济学家感到担忧。另外，这也为不平等提供了一个解释（或者辩解）：富人生产力更高是因为他们拥有更多人力资本。这是避重就轻，转移了人们对歧视等复杂的系统性问题的关注。

新增长理论

20世纪80年代中期，一些经济学家开发了内生增长（与外生增长相反）模型，根据这一模型，增长是内生的，而非外部推动实现的。新增长理论就这样诞生了。

人力资本

保罗·罗默（Paul Romer）因其对新增长理论的研究而获得诺贝尔经济学奖。他认为，经济增长在很大程度上是由技术创新和人力资本改善驱动的。罗默当时在位于硅谷的斯坦福大学任教，正值微软和苹果等公司引领着数字经济的兴起，所以他的想法自然受到了影响。

批判者指出，这种模型比新古典主义模型更为复杂，也就是说，模型中的数据可以调整，以实现数据拟合。数学家约翰·冯·诺依曼曾经调侃说："我用四个参数就能模拟一头大象，五个参数就能让大象甩动鼻子。"

这种模型虽然看来与物理学模型相似，但是模型展示的是多种不同的概念，如资本、劳动力（按人数计算）、人力资本（依赖于教育）等，所以在数学上缺乏一致性（如没有统一计量单位）。

不过，这一模型的最大卖点是，它具有新古典主义模型所不具有的"无限增长"（罗默）概念或前景，而且推动无限增长的不是资本或劳动力，而是智力。

推动经济增长

经济学家普遍认为经济增长是件好事，但他们却不太清楚经济到底如何增长。

古典经济学

亚当·斯密认为增长的关键在于专业化和"看不见的手"。马尔萨斯和李嘉图等古典经济学家将增长视为劳动力、土地和资本结合的产物，而且这些要素的收益呈递减趋势。新古典主义经济学家基于此建立了数学模型，并在其中加入了表示外部冲击的术语。

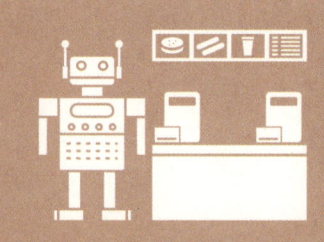

技术

人们一直争论不休的一个问题，是人工智能和机器人等先进的机械工具是会促进经济增长还是会造成大规模失业？一些经济学家认为，近几十年来，虽然国内生产总值和生产效率稳步增长，但普通工人的收入和就业前景却一直鲜有改善，这就是技术的负面影响。

新增长理论

罗默的新增长理论更为全面，将技术和人力资本等因素也包括在内。根据这一理论，政府政策对经济增长率有着决定性的影响，而且相对于封闭经济体，开放经济体支持自由贸易，对创新更开放，所以经济增长率也更高。此外，高公共支出水平、高通货膨胀和政治不稳定往往会导致经济增长减缓。

按照该理论，政府应该鼓励开放，但知识产权或知识产权专利等领域除外。事实上，在罗默的模型中，他假设设计之类的创新会受"无限期专利"的保护。

金融

证券

证券是一种可交易的金融资产，如债券、公司股票或金融衍生品。

证券化

证券化指的是将未来收入流转化为类似于债券形式的、可交易的工具。例如，抵押担保证券就是捆绑抵押所得的收入。摇滚巨星大卫·鲍伊（David Bowie）就实现了自己歌曲版税的证券化，发行了著名的鲍伊债券，不过这对多数摇滚乐队来说并不适用。

好处

对于发行者来说，发行此类证券的好处是能够立即获得资金，而不必等待收益产生。银行也可以利用这种证券摆脱高风险资产，并生成更多贷款。投资者则可以有更多的投资产品选择，以实现资产多样化。

不安全感

证券（security）一词源于拉丁语"securus"，意思是"无忧无虑"，但拥有债券的人可不是无忧无虑的。在美国，正是因为人们认识到次级抵押贷款担保的垃圾证券并不能产生可靠的收益，所以才导致了全球金融危机的爆发。

股票

股票是一种金融证券，也称为股份或股权。股票持有者可以拥有公司的部分所有权，并以股息形式获得公司的一部分净收益。股东对公司董事会选举等事项也有表决权。

股票市场

"股票"最初指的是符木有价值的那部分（"干"）。首个正规股票市场于17世纪在阿姆斯特丹成立，交易的股票主要是荷兰东印度公司（Dutch East India Company，1602年成立）和荷兰西印度公司（Dutch West India Company，1621年成立）的股票。

纽约证券交易所在1792年由24名经纪人创立，长期以来一直是美国主要的证券交易所。1972年，纳斯达克（NASDAQ）成立，并最终从电子报价系统发展成为正规的证券交易所。

现代投资组合理论

1952年，经济学家哈里·马科维茨（Harry Markowitz）在一篇文章中提出现代投资组合理论（MPT）。这一理论的用途是根据风险承受能力确定特定投资者的最佳资产投资组合。

风险和收益

股票和债券等不同金融产品的风险和收益各异。债券投资往往是低风险、低收益的。股票投资收益更高，但风险也更高，有可能会血本无归。

投资者通常会同时持有股票和债券，但是，资产在一定程度上是相互关联的，例如，某个行业的股票骤跌也会导致其他相关股票的下跌，所以如何选择资产投资组合是非常复杂的问题。

有效边界

为解决这一问题，马科维茨假设可以基于近期市场价格计算风险和相关系数，并提出了"有效边界"的概念，界定了给定风险水平下的最优投资组合。

马科维茨凭借现代投资组合理论获得了诺贝尔经济学奖，今天的投资顾问（或机器人顾问）所采用的策略就源于这一理论。但要注意的是，金融资产的风险和相关性等因素并不稳定，无法用具体数字量化，这也是定量金融学中的多数模型都要面临的一个问题。

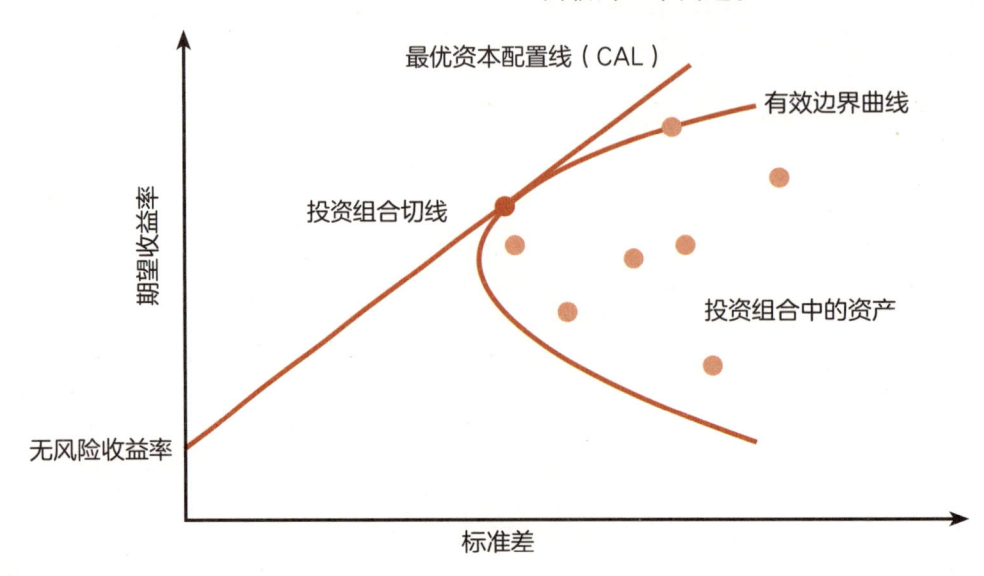

随机漫步理论

一直以来，经济学中的一个主流观点是，在竞争性市场中，价格会达到反映商品内在价值的均衡水平，所以价格变动是股票新闻等外部事件造成的。由于此类事件是随机发生的，因此价格会出现统计学家卡尔·皮尔逊（Karl Pearson）所说的"随机漫步"式的变化。

醉汉漫步

1905年，皮尔逊在一篇论文中举例论述了这一问题。假如一个醉汉朝一个方向走了一步，然后又朝另一个方向走了一步，如此一直走，那么醉汉的行走距离会随着行走时间的平方根增加。但是，"对于还能走路的醉汉来说，最有可能找到他的地方就是他出发的地方！"

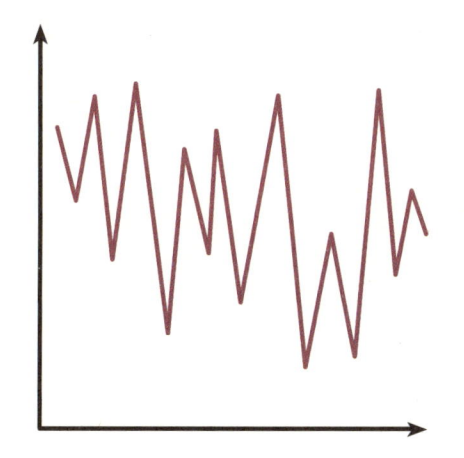

巴施里耶

早在1900年，路易斯·巴施里耶（Louis Bachelier）就在其论文《投机理论》（*Theorié de la Spéculation*）中使用了这一想法来证明投资者的预期损益为零。价格随机上下波动，但要预测资产的未来价格，还是要以资产的当前价格为准。

期权

巴施里耶使用这种方法来计算期权的价格。期权指的是在未来特定日期买入或卖出某一证券的权利，下文将会讨论。

有效市场假说

1965年，尤金·法玛在博士论文中提出有效市场假说，声称在有效市场中，资产的定价都是正确的。

合理价格

法玛和巴施里耶一样，认为价格变化多是随机扰动。但是，巴施里耶认为，在一定程度上，价格波动是由非理性因素造成的，而非理性因素在总体上会对应抵消。法玛则认为价格波动是市场理性的一种表现。

有效市场

法玛认为，在有效市场中，"许多聪明的参与者开展竞争，在任意一个时间点，单个证券的实际价格反映的是双重影响，包括已发生事件的影响和市场预期未来会发生的事件的影响。换言之，在有效市场中，在任一时间点，证券的实际价格都准确反映了其内在价值"。

不可战胜

因此，人们无法预测或猜测市场，不是因为市场不理性，而是因为市场中包含了所有可用的信息，所以没有人能战胜市场。

1978年，经济学家迈克尔·詹森（Michael Jensen）称："有效市场假说是社会科学中毫无争议的事实。"，因为市场确实很难预测。

不过，批判者指出，不可预测性不完全是有效性的标志（例如暴风雪、交通系统等）。

期权

期权是一种证券，期权所有人可以在未来特定日期以设定的行权价买入或卖出资产，这是期权所有人的权利而非义务。

看涨期权或看跌期权

看涨期权为买进期权，看跌期权为卖出期权。

例如，如果你认为一只股票在未来一年内会升值，你可以购买看涨期权，而不是直接买入股票套牢资金。这样你可以在明年以较低的期权合约签订价格买入，然后立即以较高的市场价卖出以赚取利润。

期权估值

期权的声誉不佳，但更深层次的问题在于，人们不知道该如何给期权定价。直到20世纪60年代，布莱克–舒尔斯期权定价模型（Black-Scholes Model）问世之后，这种情况才有所改变。

赌上未来

期权并不是什么新鲜事物。亚里士多德曾经谈到，哲学家泰勒斯（Thales）利用占星术预测到橄榄来年将会大丰收，所以跟当地橄榄压榨机所有者商定了期权，保证按照往年的价格使用其压榨机。

在17世纪，阿姆斯特丹和伦敦等地区金融中心的证券交易所都有期权交易。然而，人们往往将期权交易视为一种投机或赌博，而且监管机构有时还试图禁止此类交易。1929年股市大崩盘后，美国几乎禁止了期权交易，而且直到20世纪60年代，也仅有纽约的一个小市场内可以开展期权交易。

对冲基金

对冲基金指的是将投资者的资金集中起来，然后采用精明的投资策略把资金投入各类资产的公司。

两面下注

此类投资往往使用借款增加杠杆，所以收益可能更高，但波动性也更大。因此，人们将对冲基金视为另类投资，而且多数国家的监管机构只允许有足够资金承担损失的合格投资者购买对冲基金。

"对冲"指的是买入一种资产，同时出售另一种资产，这样不管市场整体是涨是跌，基金都可以盈利。

战胜市场

20世纪60年代，数学家爱德华·索普（Ed Thorp）和经济学家席恩·卡索夫（Sheen Kassouf）较早地制定了一个对冲策略，提出了确定股票价格和该股票期权价格差异的方法。在1967年出版的《战胜市场》（*Beat the Market*）一书中，两人称可以对这种价格差异加以利用，可使用的方法就是我们今天所知的可转债套利。

风险管理

对冲基金并不一定会实施明确的对冲策略，但一定会重视风险管理。文艺复兴科技公司（Renaissance Technologies）应该是最成功的对冲基金管理公司，其亿万富翁创始人吉姆·西蒙斯（Jim Simons）和首席执行官罗伯特·默瑟（Robert Mercer）已经成为重要的科学慈善家（西蒙斯基金会The Simons Foundation）和政治捐赠者（默瑟为特朗普2016年的竞选提供了资金）。

布莱克－舒尔斯模型

布莱克－舒尔斯模型方程是计算期权正确价格的公式，由芝加哥大学的费雪·布莱克（Fischer Black）和迈伦·舒尔斯（Myron Scholes）提出，麻省理工学院的罗伯特·默顿（Robert C. Merton）对其做了修改。

动态套期保值

该公式是基于动态套期保值策略建立起来的。假设我们持有某只股票的看涨期权，如果该股票价格上涨，那么期权的价值也会增加。我们可以不断买入看涨期权，然后按照一定比例卖出股票，以抵消价格变化，这样就形成了一个投资组合，而且是无风险的投资组合，组合的收益等于无风险利率。

波动性

布莱克－舒尔斯公式中的一个关键参数是资产的波动性，公式假设波动性是稳定的量。由于波动性随时都可能发生变化，所以整体情况就更为复杂，也在一定程度上导致了1987年的股市崩盘（"黑色星期一"）（与对冲策略的失败有关）、1998年美国长期资本管理公司（Long Term Capital Management）（价值数十亿美元的对冲基金，其董事会成员包括舒尔斯和默顿）的倒闭以及2007—2009年全球金融危机的爆发。

降低风险

迈伦·舒尔斯和罗伯特·默顿凭借布莱克－舒尔斯公式获得了诺贝尔经济学奖。这一公式引发了期权交易的大量增加，因为交易者能够迅速为期权定价，而且人们认为这些工具不是赌博的工具，而是降低风险的科学方法。

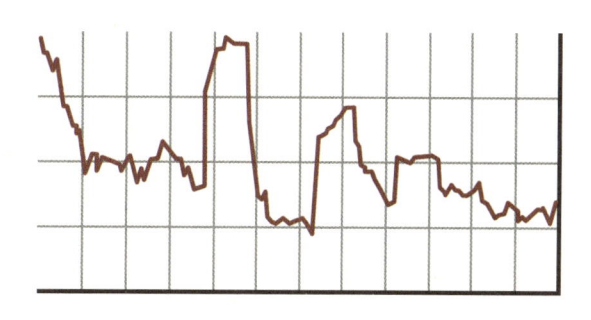

衍生品

期权就是一种金融衍生品,其价值源于原生资产,故此得名。在20世纪70年代,定量分析师开始研究一系列更为复杂的衍生品。

复杂衍生品

期权往往是在交易所交易,但是复杂衍生品只能场外交易。例如上升-敲出看涨期权,与看涨期权类似,但是价格更低,因为如果股票价格超过预设水平,合约就会变得一文不值。

欧式或美式

例如,出于历史原因,在指定到期日才可以行权的期权称为欧式期权,可以使用布莱克-舒尔斯公式处理。在到期前任何时候都可以行使的期权称为美式期权,这种期权更难估值。

还有更多

衍生品不仅适用于股票,还适用于其他各种情况。例如,在出现公司违约等"信用事件"的情况下,信用违约互换可以用于清偿,如果发生某些气象状况,天气衍生品就可以用于清偿,这对天气敏感的行业很有帮助。债权抵押证券源于捆绑抵押贷款,货币互换涉及两种货币的交换以及相关利息的交换,诸如此类。

风险价值

1987年，股市崩盘（黑色星期一）发生后，定量分析师认识到，要评估市场风险，还需要更为稳健的方法，即"风险价值法"（VAR）。

钟形曲线

在有效市场假说中，随机漫步模型假设价格会在一周或一个月的期间内发生变化，根据历史价格数据分析，可以确定价格变化呈正态曲线分布或钟形曲线分布。分布曲线呈钟形，宽度代表资产的波动性。如果股票风险较低，则波动性较低，曲线为窄钟；如果股票风险较高，则波动性也较高，曲线为宽钟。

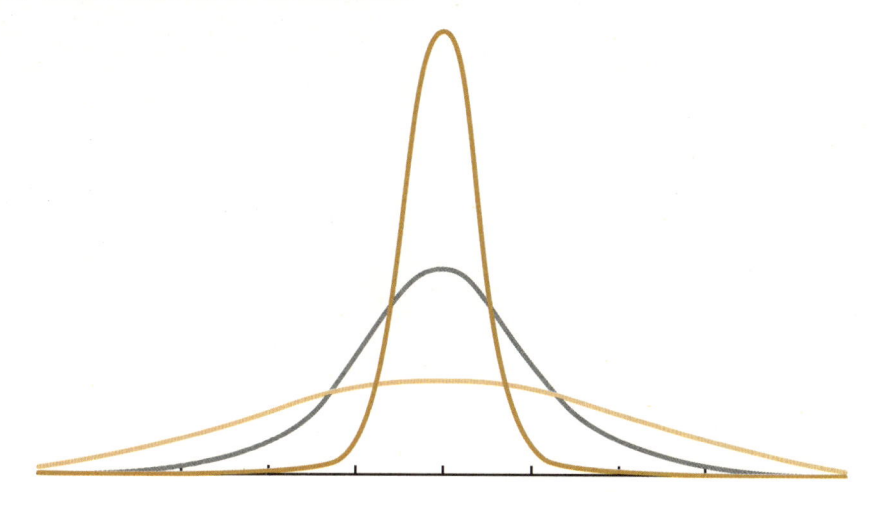

波动性

风险价值法根据波动率来估算单项资产或资产组合在特定时间内的预期损失。例如，银行的风险经理可能会用这一方法计算得出，某个投资组合在95%情况下的损失都低于特定数值。

风险价值法、现代投资组合理论以及布莱克-舒尔斯公式的共同之处在于它也假设资产价格的波动性是稳定的，可以使用历史数据衡量，并且可用于预测未来风险。

风险的艺术

然而，正如各种投资指南所言，历史业绩并不能保证未来的业绩，所以，风险管理既是一门科学，也是一门艺术。

金融服务业

金融业中涉及一系列服务，包括银行业务、投资基金、信用卡、保险、会计、股票经纪和外汇等。

货币

在某种程度上，金融业中最重要的活动是货币交易。外汇市场的日交易额要超过 50 000 亿美元，相比之下，全球股市的交易量仅是其 1/25。在外汇市场中，大多数交易均为场外交易，通过电子平台开展，而非在交易所交易。

多数货币交易都使用美元，美元是世界储备货币。此外，还有一些其他货币，包括欧元、日元、英镑、瑞士法郎、加元和澳元。

衍生品

另外，衍生品也是一个主要的业务领域和利润来源。据估计，全球衍生品的总名义价值（即潜在风险金额）约为 10 000 000 亿美元，如下图所示：

1 000 000 000 000 000 000 美元

人才流失

金融业在世界经济中发挥着重要的作用，但物极必反。2015 年，国际清算银行的一项研究发现，"金融领域增长过快不利于总生产率的提高"，因为这样一来，其他生产率更高的行业的人才都会被吸纳到金融行业。

经济模型（二）

全球金融危机

2007—2009年的全球金融危机爆发后,全球经济衰退随之而来,导致全球失业率和金融压力持续上升。

经济学的作用

经济学家们对全球经济大萧条的成因意见不一,对金融危机的成因也争论不休。但多数人都赞同的一点是,在这个过程中,经济模式发挥了两大关键作用。

第一,银行用于管理风险和确定复杂衍生品价格的模型中的假设是有缺陷的。金融危机源于美国的抵押贷款危机,之后蔓延到全球各地投资抵押贷款衍生品的银行。

第二,决策者使用的 DSGE 模型并不全面,因为模型是基于经济处于均衡状态的概念建立的,并没有把银行业考虑在内,而银行业正处于危机的中心。此类模型不仅无法预测危机,也无法预测危机发生的可能性以及危机发生后该怎么办。

救助

然而,自经济大萧条后,经济学家和政策制定者认识到,危机发生后,首先要实施银行救助和量化宽松等政策来恢复银行业的健康。

后危机时代经济学

如上所述，经济理论的形成是受历史背景影响的。当前的经济理论就是在全球金融危机发生后形成的。

新思考

2019年，英国央行前行长默文·金（Mervyn King）在国际货币基金组织演讲时指出，1929—1933年的经济大萧条引发了人们对经济学的新思考。"毫无疑问，我们现在又一次处于政治动荡时期，但是人们却没有像以往那样质疑经济政策背后的基本理念。我们不能再这样下去了。"

但幸好，现在已有人提出了一些不同的想法，虽然不是新想法，但是也逐渐引起人们的重视。

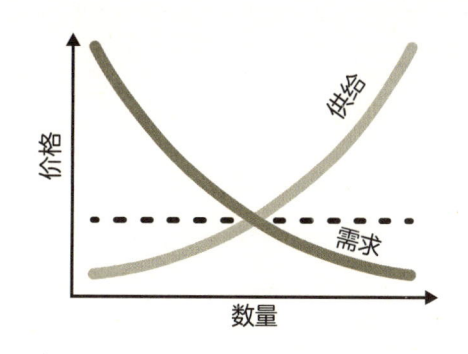

挑战

现代经济学还要将许多其他因素考虑在内，包括人工智能革命、数字封建主义、气候危机以及卷土重来的重商主义贸易政策，等等。

> 行为经济学就考虑到了人类心理。 
>
> 复杂经济学研究的是不能用简单规则描述的"涌现性"。

新古典主义经济学强调的是理性和稳定性，也因此忽略了一个关键点，即货币和金融的非理性和不稳定性。而奥地利经济学派和新兴领域量子经济学关注的正是非理性和不稳定性。

女性主义经济学关注的是性别这一关键问题，而生态经济学则认为经济是更大生态系统的一部分。这场危机还促使人们重新关注道德和公平问题。

行为经济学

危机发生后，一些人重新对行为经济学产生了兴趣。行为经济学诞生于20世纪70年代，源起于以色列心理学家丹尼尔·卡尼曼（Daniel Kahneman）和美国科学家阿莫斯·特沃斯基（Amos Tversky）的研究。

太多的果酱

卡内曼和特沃斯基开展了大量实验，证明人们往往会违背预期效用理论假设，这是一个与以往理念截然不同的结论，因为经济学理论的基础是，人们会做出理性决策以优化自身效用。

例如，根据传统经济理论，如果消费者拥有许多选择，那消费者便能从中获益。但是，对购物者来说，如果选择太多，也会觉得无从下手。一项实验发现，如果顾客去杂货店购买果酱，在分别可以品尝24种果酱或6种果酱的情况下，顾客在前一种情况下购买的量要远低于第二种情况。

今天的果酱

经济学中还有一个更为重要的例子，即"现时偏差"，也就是说，多数人更愿意现在花钱，而不愿意为退休后的生活存钱。

在最初之时，行为经济学是有争议的，但是卡内曼凭借行为经济学理论在2002年（特沃斯基当时已经去世）获得了诺贝尔经济学奖。全球金融危机之后，人们对行为经济学的兴趣激增。这场危机似乎提供了确凿的证据，证明了市场并非完全理性。此外，行为经济学家理查德·塞勒（Richard Thaler）和罗伯特·希勒也获得了诺贝尔经济学奖。

认知偏差

行为心理学家和经济学家发现了数百种"认知偏差",但我们这里只讨论经济学中所遇到的少数几种。

- 现状偏差:我们倾向于选择自己所知的,而不是选择其他的,即便其他选择更优。所以人们熟知的品牌产品价格会更高。
- 损失厌恶:人们对损失的敏感度是对相同数额收益的敏感度的近两倍。所以,如果要掷硬币赌输赢,赢了得15英镑,输了输10英镑,多数人都会拒绝。所以投资者会谨慎行事,并且会对损失反应过度。
- 框架效应:由于问题和机会的展现方式各不相同,人们对问题和机会的感知也不同,因此才会有营销业和广告业。

除此之外,还有其他效应,例如宜家效应,也就是说,如果消费者需要自己动手组装,尤其是组装平板家具的话,他们会对产品更满意。

神经科学

神经科学家已经用实验证明了上述的许多行为模式,并为其提供了实际的情境。他们使用了脑部扫描等各种工具来分析人们在不同情况下的反应,比如在不确定的情况下所做的决策。

前景理论

由于人类的许多行为都与预期效用理论的假设不相容，所以卡内曼和特沃斯基开发了另外一个模型，并发表在了1979年的论文《前景理论：风险条件下的决策分析》（Prospect Theory: An Analysis of Decision under Risk）中。

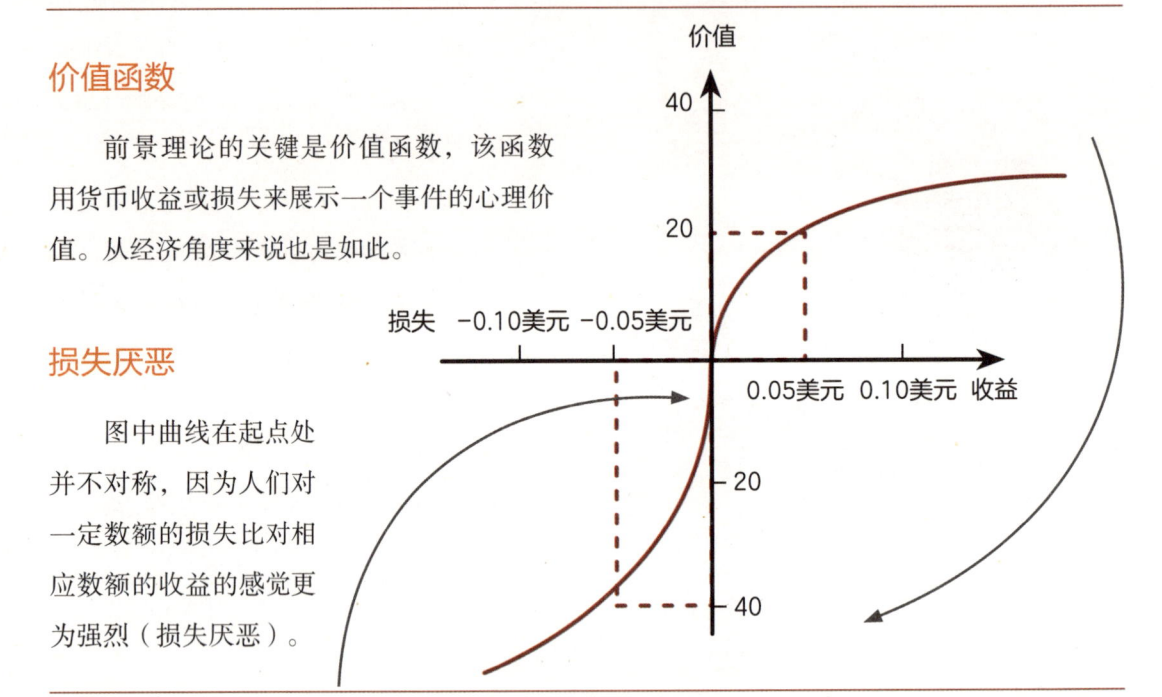

价值函数

前景理论的关键是价值函数，该函数用货币收益或损失来展示一个事件的心理价值。从经济角度来说也是如此。

损失厌恶

图中曲线在起点处并不对称，因为人们对一定数额的损失比对相应数额的收益的感觉更为强烈（损失厌恶）。

参照点

图表的中心为参照点，以此来确定收益或损失。例如，可以参照一人当前的薪酬或类似工作的薪酬来衡量薪酬的变化。

函数越靠近参照点，斜率就越大，然后斜率逐渐降低，由此可以得出结论：损失或收益往往在更大的数量时实现饱和，这一结论要追溯至18世纪的数学家丹尼尔·伯努利。

不确定性权重

另外，图表还可以证明的是，人们并不会严格按照结果出现的概率来衡量结果。例如，相比于概率从40%增加到50%，人们在概率从0%增加到10%（即从"完全安全"到"小风险"）时会更为敏感。因此，人们会过度重视恐怖袭击或其他不太可能发生的低概率事件。不过在某些情况下，最初看来是人们反应过度，但事后看来其实是再合适不过的应对措施，比如当疫情开始蔓延时。

行为金融学

有些人批评说，行为经济学研究的仅是微妙影响，如果规模变大，这些影响就不复存在了，所以往往是可以忽略的。然而，这种想法并不适用于股市。

泡沫的烦恼

2013年，罗伯特·希勒在诺贝尔奖的获奖演说中提道，"出现泡沫时，价格上涨的消息会刺激投资者的热情，这种热情会通过心理传染在人与人之间传播。在这个过程中，故事会不断被添油加醋，可能正好解释了价格上涨的原因，因此会吸引越来越多的投资者。这些投资者虽然对这项投资的真正价值有所怀疑，但仍然大受吸引，一方面是因为羡慕别人的成功，另一方面是出于投机的刺激感"。

根据有效市场假说，资产的定价总是正确的，所以泡沫是不可能存在的。然而，全球金融危机之后，人们深信泡沫确实是存在的。

心理传染

希勒指出，泡沫产生的一个主要原因是"心理传染"，行为经济学家则称之为羊群效应。例如，我们不是自己决定股票的价值，而是直接效仿他人的做法。这样就会造成一个自我强化的反馈循环，在这个循环中，价格上涨会进一步引发价格上涨，反之亦然，价格下跌也会进一步引发价格下跌。

复杂经济学

根据复杂经济学理论，经济是具有涌现性的复杂系统，是不能用传统经济学中的简单公式总结概括的。相反，复杂经济学家使用的是物理学中的工具，例如代理人模型和数据分析。

衡量复杂性

经济学家里卡多·豪斯曼（Ricardo Hausmann）牵头开展的哈佛大学经济复杂性地图集项目就是基于复杂性的数据分析。项目使用普遍性、多样性和相似性等"复杂性统计数据"来分析国民经济的产出。

产品的普遍性指标即为生产该产品的国家数量；一个国家的多样性指标即为该国生产的产品数量；两种产品的接近程度为两种产品的相似性。

研究人员发现，普遍性和多样性指标有助于人们理解经济的整体复杂性，而一种产品与其他产品的相似性则能体现一国生产该产品的可能性。

多元化

该项目2019年的报告预测，"在未来十年，经济增长最快的将是在复杂领域实现生产多元化的国家，如越南和中国"。这一结论与古典经济学中的比较优势理论截然不同，因为比较优势理论认为各国应当专注于生产本国最具优势的产品。

系统动力学

传统经济模型是基于经济具有稳定均衡的观点,但是,这种假设的局限性较大。真正动态的经济模型是可以展示混乱等一系列行为的。

古德温模型

1967年,美国经济学家理查德·古德温(Richard Goodwin)提出了一个简单版本的"系统动力学"模型,其中涉及计算就业率和工资在产出中份额两个方程式。

捕食者－猎物

这两个方程式相当于生物学中模拟捕食者(如狐狸)与其猎物(如兔子)之间关系的公式。在公式中,工资相当于捕食者,而就业率则相当于猎物。

随着就业率从低位上升(兔子数量增加),工资也开始攀升(狐狸数量增加),二者增长到过高水平后,就业率会下降,随后工资也会下降,以此类推,循环往复。

混乱

经济学家史蒂夫·基恩(Steve Keen)指出,如果将债务等因素也考虑在内,行为就会变得更为有趣。对于某些参数值,循环会变得混乱,并伴随着剧烈的波动。

根据主流模型,经济衰退之类问题是由外部冲击造成的,但系统动力学则认为混乱在没有外力的情况下就会自行发生。

代理人模型

在经济学中,代理人模型愈发受欢迎,可以用于替代传统方法。这些模型模拟的不是单一的代表性代理人,而是代理人群体,既可以是消费者的代理人群体,也可以是公司或投资者的代理人群。

学习行为

例如,在股票市场的代理人模型中,个人投资者采用不同的策略,并且可以与彼此互动。其中的一些投资者可能是从众的随大流者,还有一些是在观望交易的价值投资者。他们无法获得全部信息,所以是基于模糊理解来决策的。他们也能随着时间学习和适应,比如说,在经济崩溃之后会变得更为保守。

涌现性

因此,这些代理人与主流理论的基本原则背道而驰,他们既非绝对理性或完全独立,也没有固定的偏好,不过他们更为现实。这种集体效应产生了涌现性,往往能够揭示真实的市场行为。

系统生物学

代理人模型与系统动力学模型有一个共同的缺点,即代理人的行为对具体选择的参数十分敏感。不过,这些模型在系统生物学等领域倒十分有用。在这些领域中,均衡等假设是不可能存在的,除非所研究的生物系统已经死亡。

进化经济学

经济学始终与生命科学息息相关。马尔萨斯的人口增长理论对达尔文的进化论产生了重大影响，而进化论又影响了维多利亚时代的社会达尔文主义者，进而催生了该学派知名的自由放任资本主义理论。

适者生存

主流经济学家在创建理论时，仍然试图从微观层面出发，以自私地追求效用最大化者的行为为依据，并假设自由竞争会导致经济领域也适用适者生存的原则，所以没有竞争能力的公司就会倒闭，跟物种灭绝是一个道理。

利他主义

2007年，生物学家爱德华·威尔逊（Edward O. Wilson）和戴维·斯隆·威尔逊（David Sloan Wilson）注意到，在自然界中，群体和个人都会进化，而自私和利他同时存在。他们在论文中写道："在群体中，自私胜于利他，而利他的群体则胜于自私的群体。其他的就要视情况而定了。"进化经济学家（包括同属这一领域的戴维·斯隆·威尔逊）认为这种理论同样适用于经济学。

适应

主流经济学家关注的是均衡，而进化经济学家则将经济视为一种生态系统，并且在不断地变化和适应新情况。进化经济学家还认为，行为经济学家发现的怪癖行为从进化的角度看更合理。如果羚羊不想成为狮子的口中食物，那"羊群行为"或"损失厌恶"之类的就不是认知错误，而是生存策略。

量子经济学

量子经济学是一个新兴领域,其中用于模拟金融交易的工具最初就是量子物理学中的工具。量子经济学是量子金融和量子认知领域理论的结合。

经济原子

凯恩斯认为计量经济学不应过于依赖"自然法的原子性",他假设原子的真实特性并非是"分离、独立和不变的",而是相互纠缠和不确定的。人和经济也是如此。

多少钱?

"量子"(quantum)一词源于拉丁语,意思是"多少钱"。在量子金融学中,"多少钱"从根本上是无法确定的,只有在实际的交易中才能确定。交易既是测量价格的过程,又能影响被测量之物。例如,你可能觉得自己的房子值43万英镑,但如果有人出价45万英镑,那房子的价格就是45万英镑,而出售类似房子的人也会相应地调整他们的估价。

情境敏感性

根据量子认知,行为经济学家研究的认知效应就要用量子数学的语言来表达。例如,决策要依赖于情境,所以我们基于不同的问题表现方式会有不同的反应。物理学中的情境敏感性与此相似,测量结果要取决于测量仪器的设计。

因此,量子经济学为经济研究提供了一致的数学框架,避免了凯恩斯所说的古典经济学"原子"方法中的缺陷。

挑战

土地

马克·吐温（Mark Twain）曾说过："买土地吧，因为土地不可再生。"正是因为土地是有限的，所以经济学中对其讨论甚多。

经济学中的土地

一直以来，经济学家将土地、劳动力和资本视为推动经济增长的三大因素。但法国的重农学派却认为土地是三者中最重要的因素。后来，越来越多的经济学家开始重视劳动力和资本，认为真正推动经济发展的是人类的创造力。诺贝尔经济学奖得主罗伯特·索洛甚至在一次演讲中断言："这个世界即便没有自然资源也可运转。"

土地锁定

然而，在现代，土地以全新的方式占据了经济的中心地位。在英国和法国等国家，社会中的多数财富都锁定在了城市房地产的价值中，而决定房地产价值的最重要因素便是土地价格。

在标准经济理论中，资本随着新投资的增加而增加，而劳动力的贡献则随着劳动力规模和生产力的变化而增加。但是土地是不同的，因为土地与黄金等资产相似，它的价值可以自行改变，根本不需要任何改变或改进。

但问题是，土地与黄金又有所不同，土地是人类生存的基础，并且其价格会影响住房的成本。所以很多国家（不包括英国和法国）自古就有对土地征税的理念。

不均衡

在过去几十年里,极端贫困人口已有所减少,但发达国家的财富不均衡现象却日益加剧,而经济学家们也一直未能想出良策来解决这一问题。

经济学中的不均衡

经济学家一直以来都更重视财富的增长,而不是财富的分配。古典经济学家认为不均衡会推动资本的积累,从而加速经济的增长。新古典模型是基于单一的代表性代理人建立起来的,所以不存在不均衡问题,而且多年来,不均衡这一话题一直都是禁忌。

2004 年,诺贝尔经济学奖得主罗伯特·卢卡斯说:"在我看来,许多趋势都不利于经济学的健康发展,但其中最引人关注同时危害最大的就是对分配问题的关注。"经济学家加布里埃尔·祖克曼(Gabriel Zucman)指出:"一些经济学界人士认为,经济学家不应讨论不均衡的问题。"

新模型

人们对这一问题兴趣寥寥,其中一个原因是传统经济模型是根据单一代表性代理人建立的,人们不知道如何将不均衡考虑在内。

不过,近年来,多数人的工资都未见增长,但富人的财富却日益飙升,所以不均衡问题在许多国家都日益紧迫。在全球范围内,1%的富人拥有着全世界 45% 的财富。据《福布斯》(Forbes)杂志统计,全球最富有的十大亿万富翁共拥有 7 450 亿美元的财富,这个数字远超多数国家的国内生产总值总量。

经验证据表明,富人的消费与收入比要低于其他人。而且他们往往会把钱投入到土地等资产上,这样做会推高房价,但在刺激经济方面收效甚微。所以,经济学的一大挑战就是要将这些因素考虑在内,并提出可行的解决方案。

托马斯·皮凯蒂

托马斯·皮凯蒂（Thomas Piketty）是一位法国经济学家，他最著名的作品是2013年出版的《21世纪资本论》（Capital in the Twenty-First Century），这本关于"沉闷的科学"的书籍成了全球畅销书，还有人将其与马克思的《资本论》相提并论，因为这本书也分析了资本主义中财富和权力集中在少数人手中的趋势。

资本与增长

皮凯蒂在分析了过去250年的经济数据后发现，在没有战争等事件的情况下，资本投资的年回报率（他在书中用 r 表示）往往超过产出的年增长率（g）。也就是说，继承的财富比工资增长更快。因此，富裕家庭的财富日渐增长，而多数人的生活水平却没有实质性的改善。

1910—2010年，美国的收入不平等情况

$$r > g$$

如果这种趋势继续下去，那么今天的经济只会跟19世纪的经济越来越相似。19世纪时，社会中的大部分财富都是继承而来的，而不是赚得的〔见简·奥斯汀（Jane Austen）的小说〕，而今天美国社会中60%的财富也是继承得来的。

解决方案

皮凯蒂的论点是基于零散的数据得出的，而且他认为 $r>g$ 是一条铁律，这遭到了许多批判者的质疑。他还提出了一项解决方案，其中包括征收遗产税和全球资本税，这更具争议，经济学家根本就不支持，因为他们认为投资是好事，应该予以鼓励，而不是加征税费。

挑战

增长的极限

持续的经济增长能够解决许多经济问题，但也会造成另外一个问题，那就是经济增长的自然极限。

如宇宙飞船般的地球

1966年，经济学家肯尼思·博尔丁（Kenneth Boulding，1910—1993）在《即将到来的宇宙飞船世界的经济学》（The Economics of The Coming Spaceship Earth）一文中，让读者将地球想象为"一艘宇宙飞船，其中所有资源的储备都是有限的，承载污染的能力也是有限的"。他认为，我们需要像宇航员一样学习如何节约资源，并且要妥善处理废物，这将是一个持续的学习过程。他写道："过去，人类活动造成的污染仅限于局部范围内，就像鸟巢周围的脏污一样，但这种污染似乎在向整个世界扩散，而且当前自然界中的各种资源储备（包括大气、湖泊甚至是海洋）都面临着高速增长的污染，这实在让人无法镇定自若。"

计算机研究

1968年，一项名为"增长的极限"的计算机研究预测称，"如果世界人口、粮食生产和资源消耗的增长按照当前的速度继续下去，那么这种增长将在未来100年内达到极限。届时，人口和工业产能很有可能会出现突然且不可控的下降"。

半个世纪后，报告的作者之一丹尼斯·米都斯（Dennis Meadows）进一步补充说："下降已是大势所趋了。"

马尔萨斯预言

如今，人们在驳斥关于环境的骇人说法时，往往会说此类马尔萨斯式的预言从没有成真过。这些人显然没看过那种恐怖电影，在电影的开头，人们总是对科学家的警告嗤之以鼻。

气候变化经济学

众所周知,气候变化是这个时代最大的挑战之一,然而,除诺德豪斯等模型之外,经济学中目前关于气候变化的内容少得可怜。我们需要更多的气候经济学吗?

气候变化经济学

社会对气候变化极为关注,然而,在2019年,著名气候经济学家安德鲁·奥斯瓦德(Andrew Oswald)和尼古拉斯·斯特恩(Nicholas Stern)在文章中写道:"很遗憾,我们认为理论经济学家让整个世界失望了。在关于气候变化的讨论中,经济学贡献甚微,令人不安。"

他们还写道:"二氧化碳问题在很大程度上是经济因素造成的,但在这一问题上,经济这一学科几无存在感。主要期刊上发表的相关文章也少得可怜,远不及问题的严重程度,也远不及经济学应有的潜力和必要的贡献。"

物质减量?

人们经常讨论,经济增长到底会让气候变化变得更严重,还是有助于缓解气候变化。例如,麻省理工学院的安德鲁·迈克菲(Andrew McAfee)注意到,美国经济增长对石油、木材、金属等实物消费的依赖程度越来越低,所以即便消费增长过快,其对气候变化的影响也有可能会被抵消掉。

当然,要评估环境影响,必须全面了解世界生物物理系统。我们需要的也许不是让经济学家写更多关于环境的文章,而是让环保主义者写更多关于经济管理的文章。

国内生产总值替代品

传统经济学中的一个隐含假设，是经济增长能够实现效用最大化（使用国内生产总值衡量），所以一般都是好事。然而，批判人士早就指出，国内生产总值增长并不是万能的，比如说无法提高幸福指数。

国内生产总值的问题

在20世纪60年代，抗抑郁药物问世，并且成为制药公司最大的利润来源之一。尽管如此，在美国等许多国家，人们的幸福水平都达到了峰值。

追求国内生产总值最大化跟保护环境的目标有些矛盾。例如，人们一直对于是否要在加拿大西部增加油砂开采这一话题讨论不休，这说明有利于国内生产总值增长的事物往往不利于环境保护。女性主义经济学家早就指出，国内生产总值中并不包括无偿劳动，例如家庭中照顾老幼的工作，而这一工作往往由女性负责。

其他指标

有人提出了其他指标来替代国内生产总值，以解决此类问题，例如将社会不平等和犯罪率（全球犯罪率在1978年达到峰值）等因素也考虑在内的真实发展指标（GPI）。

幸福星球指数（HPI）相当于一种效率指标，用以衡量一国每单位生态足迹所创造的人类福祉。

国内生产总值的优点在于其结果来自价格数据，而不是主观比较。但这些替代指标能够更综合地反映一国的经济状况。

不稳定性

长期以来，主流经济学都是基于均衡理念发展起来的。然而，全球金融危机让很多人都深信，经济本身并不是稳定的体系，而且传统的工具也不再适用了。

直线

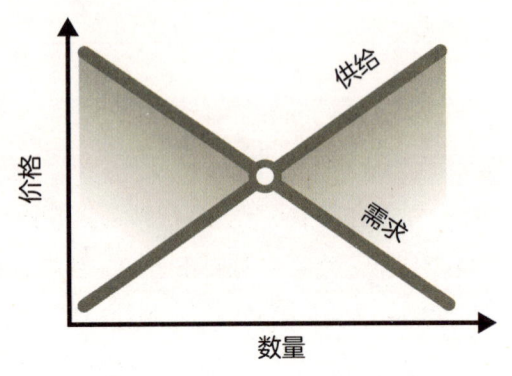

主流经济学中使用的标准方法是，绘制直线来代表对立的因素，如供给和需求，直线的交点则代表相关因素之间的稳定平衡点。

在古典经济学时代，经济学家可用的数学工具有限，所以强调稳定这一特点有助于自己在研究中取得进展。而人们至今仍然重视稳定，很有可能是因为一种广受追捧（至少受当权者的追捧）的想法，即良好运行的市场能够实现资源的最佳分配。

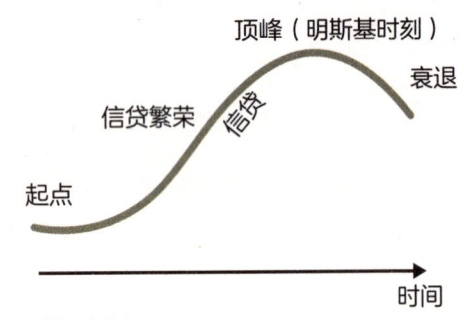

明斯基时刻

美国经济学家海曼·明斯基（Hyman Minsky，1919—1996）提出了另一种观点，即金融不稳定假说。根据这一假说，信贷周期本身是不稳定的，人们在扩张时期大量借钱，会抬高资产的成本，进而导致针对这些资产的借贷增加，到某一时刻后，整个循环开始逆转，一切都急转直下，这个时刻现在被称为"明斯基时刻"。

信贷增长

经济学家阿代尔·特纳（Adair Turner）指出，从根本上说，虽然银行可以创造出无限的购买力，但房地产等资产的供给是固定的。"在经济学中，如果你将一个高弹性的东西和一个高度缺乏弹性的东西放在一起，那很可能会造成动荡、波动和价格不稳定。但在过去50年中，我们在教授经济学时很少会提及这些问题。"

挑战

超级全球化

自20世纪90年代以来，经济一体化水平不断提高，已然出现了丹尼·罗德里克（Dani Rodrik）等经济学家所说的超级全球化现象，这一现象威胁到了民族国家的主权。

全球经济

全球化不是什么新鲜事。1919年，凯恩斯在他《和平的经济后果》（*The Economic Consequences of the Peace*）一书中写道："伦敦居民可以打电话订购来自全世界的各种产品，第二天在床上喝早茶的时候就能等待产品送到自家门口。"他说的可不是亚马逊优质会员的送货上门。事实上，即便没有网络券商，这名居民"也可以在同一时刻，以同样的方式，将自己的财富投资于世界上任一地区的自然资源和新企业中，并且可以不费吹灰之力地从中获益。"

增长因素

然而，受多种因素影响，全球化开始转向超级全球化。这些因素包括技术进步（如集装箱货运和通信的改进）、政治变革、跨国公司实力增强（如果关税或法规等因素导致跨国公司难以在全球市场占据主导地位，他们便会游说反对）以及金融一体化的显著发展。

一直以来，人们都认为全球化能够促进经济增长，但近年来，人们认识到，全球化虽能推动经济增长，但也带来了不平等、不稳定和碳足迹等副作用。新冠肺炎疫情大流行以来，许多国家都认识到了自主生产医疗用品等必需品的好处。

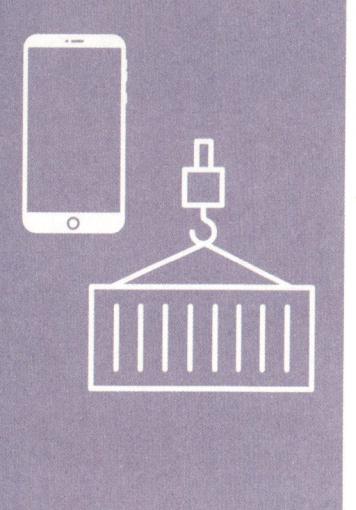

权力

新古典主义经济学家最初将数学应用于经济学中时,提出了对称性假设:消费者或生产者等个体代理人拥有的权力大致相同。

对称性

完全竞争的观点将市场视为公平的竞争环境,而有效市场假说则假设所有投资者都能获得全部的信息,这两种理论都采用了对称性假设。因此,人们在讨论权力时,也仅限于对防止垄断这类突出问题的讨论。

然而,权力影响着经济的方方面面,包括工资谈判、广告、法律权力、避税能力、贸易协定条款以及对政治进程的影响。

权力的撬棍

但货币造成的权力不对称应该才是最明显的,弗里德里希·尼采(Friedrich Nietzsche)就将货币称为"撬动权力的铁棍"。据乐施会报告,"世界上超半数亿万富翁的财富要么是继承得来,要么是从容易出现腐败和任人唯亲的行业积累而来"。在英美等国,财富主要来自金融业,而金融业本身对经济的其他领域也拥有撬棍般的权力。

经济学家现在越来越关注发展经济学、进化经济学和女性主义经济学等领域的理论,这些领域关注的是权力在个人和群体关系中的作用。

性别

长期以来，女性主义经济学家都认为经济学需要更加关注性别问题，尤其是经济学家这一职业的性别问题。

发展缓慢的领域

1973 年，经济学家玛丽娜·惠特曼（Marina Whitman）在美国国会一个委员会作证时说："在提高能力、解决女性相关的特殊问题方面，经济学领域一直行动迟缓。"她指的是保罗·萨缪尔森的畅销书《经济学》中的内容。书中在评价一个边缘论点时，嘲讽其是"少数女人和不入流演说家所为，这些人重直觉而轻智力"。

自此之后，形势有所改善，但并不显著。

性别歧视

2014 年，在《经济学人》杂志评选出的 25 位最具影响力的经济学家中，没有一位是女性。在诺贝尔经济学奖设立的 50 多年里，81 位获奖者中只有 2 位是女性，而两人中只有 1 人（2019 年诺贝尔经济学奖得主）是真正的经济学家。

2019 年，美国经济学会（American Economic Association）就经济学现状对其成员开展了问卷调查，结果显示，对于"我对经济学领域的整体环境感到满意"这一说法，40% 的男性表示赞同或十分赞同，但只有 20% 的女性表示赞同或十分赞同。

2019 年，珍妮特·耶伦（Janet Yellen）在一场关于性别问题的座谈会上称，解决性别歧视问题"应当是经济学家的头等大事"。现在，经济学已不再是专属于男性的职业，未来这一领域会发生何种变化，实在令人期待。

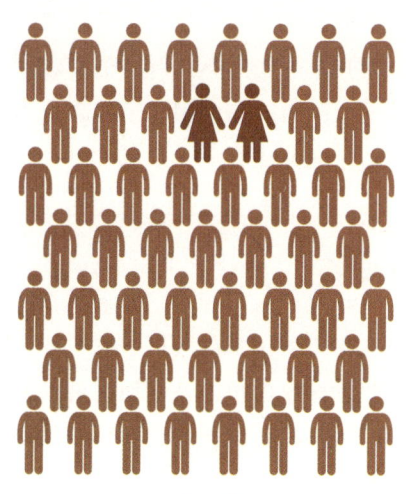

逃税

根据经济学理论，税收的一个功能是将富人的一部分收入重新分配给其他人。但在现实中，由于避税方法的存在，顶级的富豪和企业往往都缴税甚少，这从2016年泄露出来的"巴拿马文件"[①]就可见一斑。

避税港

据估计，全球约1/10的财富都存放于海外的避税港。细究之下还可发现，1/3～1/2的"外国直接投资"并非是对"实体经济"的长期投资，而是通过为避税而设立的离岸空壳公司进行的转账。在伦敦或温哥华等主要城市里，许多豪华房产都掌握在控股公司的手里。"温哥华模式"指的是利用赌场和高端房地产洗钱，以此来掩盖犯罪所得。这也导致温哥华无家可归的人越来越多。

未申报

跨国公司在高税负的国家赚钱，但在低税收的国家申报收益，如百慕大、英属加勒比[②]、爱尔兰或卢森堡。

2015年，国际货币基金组织的一项研究发现，此类做法导致经济合作与发展组织国家的年收入减少，减少量相当于这些国家国内生产总值的1%。

法国经济学家加布里埃尔·祖克曼提出了一项解决方案，即按照跨国公司的实际销售地点对其收益征税。

[①] 国际调查记者同盟（ICIJ）公布了1 340万份金融文件，曝光了全球权贵隐藏在离岸避税天堂的数万亿美元资产。——译者注

[②] 指位于加勒比海地区的英属维尔京、开曼群岛等，是英国海外领地，也是世界著名的高端金融中心和避税港湾。——译者注

伦理学

在中世纪，人们对"经济"的讨论主要聚焦于伦理问题，例如公平价格的问题。

经济学中的伦理学

经济学一向重视自由市场，且认为市场力量会设定正确的价格，这意味着自中世纪以来，人们对伦理的兴趣已经消减。2011 年，捷克经济学家托马斯·赛德拉切克（Tomas Sedlacek）在他的《善恶经济学》（Economics of Good and Evil）一书中指出："现在人们谈起伦理就像谈起什么异端邪说一样。"

内幕工作

全球金融危机发生后，人们的态度发生了变化，可参见奥斯卡最佳纪录片《内幕工作》（Inside Job）。这场危机让公众看到，道德败坏的不仅是金融交易员，还有一直为他们摇旗呐喊的理论经济学家。

举个简单的例子，从 2008 年到 2010 年，美国参众两院的委员会召集了一大批学者，以讨论如何吸取危机的教训，并改进金融监管。据路透社研究发现，在很多情况下，经济学家只会列出自己所属的学术机构，但对他们同时为企业提供咨询的事情只字不提，因为政府讨论的相应监管措施会影响到这些企业。

2012 年，《剑桥经济学杂志》（Cambridge Journal of Economics）的一项研究发现，"可能正是因为经济学家与企业有这种关系，所以几乎没有什么主流经济学家提醒人们将会发生金融危机"。

不道德的市场

除了这种道德缺失之外，人们也没有意识到市场本身就有不道德的一面。2010 年，詹姆斯·加尔布雷斯（James K. Galbraith）在向美国参议院作证时说："经济学家在研究每场危机时，都对欺诈行为的作用轻描淡写。"经济学家需要认识到道德和犯罪的重要性，那首先可以从古代经济学着手。

术语表

避税港（Tax haven）：向外国投资者提供极低税率并保证财务隐秘性的国家或地区；

边际的（Marginal）：一部分数量的微小变化，而不是总量的变化；

波动性（Volatility）：指衡量特定证券收益差异的统计数据；

博弈论（Game theory）：研究决策者之间战略互动的数学分支；

乘数（Multiplier）：一种比例因子，用以衡量一个经济变量（如国内生产总值）随另一个变量（如政府支出）的变化而发生的变化；

储备货币（Reserve currency）：世界各国央行持有的一种货币，是外汇储备的重要部分；

大宗商品（Commodity）：一种在很大程度上可交易的商品，如铜，生产者是谁并不重要；

反馈（Feedback）：信号的一部分反馈到信号源，从而修改信号，例如当麦克风对着扬声器的时候；

非线性方程（Nonlinear equation）：一种方程式，绘制在图表上时并非直线；

风险管理（Risk management）：识别、分析和防范未来潜在金融风险的做法；

封闭型经济（Closed economy）：不开展对外贸易（即对外隔绝）的经济体；

复杂的系统（Complex system）：类似于地球大气层、活细胞或人类经济的系统，由许多相互影响的部分构成，具有涌现性；

高利贷（Usury）：以极高的利率放贷；

规模经济（Economies of scale）：通过扩大经营规模而获得的相应成本优势；

国库券（Treasury bills）：在美国的话，国库券指的是一年期或更短期限的零息债券，不支付利息；

混沌系统（Chaotic system）：未来发展严重依赖确切的初始条件（起点）的系统；

货币供应量（Money supply）：一国的货币总量，一般是流通中货币量加活期存款量，但也有更广泛的衡量标准；

货币主义（Monetarism）：一种思想流派，认为管理经济的最好方式是控制货币供应；

机会成本（Opportunity cost）：选择一种方案时放弃其他方案所失去的潜在收益；

基础设施（Infrastructure）：社会或企业运行所需的基本实物系统和组织体系，如建筑、道路、排污系统和电力供应等；

挤出（Crowding out）：往往指的是政府对经济的某一领域介入过多，没有给私营部门留下发展空间；

金融泡沫（Financial bubble）：人们对资产的未来价值期待较高，这种情绪相互传染，导致资产价格被推到过高水平，这时泡沫就会产生；

联邦储备系统（Federal Reserve system）：美国的央行系统，于1913年成立；

零和博弈（Zero-sum game）：指一人的收

术语表

益正好与其他各方的损失相互抵消；

流动性（Liquidity）：可在短期内轻松售出的资产的可用性；

绿色新政（Green New Deal）：美国拟议的一揽子立法，旨在解决气候变化和不平等问题；

名义价格（Nominal price）：商品的货币价格；

诺贝尔经济学奖（Nobel Prize for Economics）：指的是瑞典中央银行为了纪念阿尔弗雷德·诺贝尔（Alfred Nobel）而在1969年设立的经济科学奖（阿尔弗雷德·诺贝尔于1896年逝世）；

区块链（Block chain）：多台计算机维护的加密货币交易记录，其中的数据是防篡改的；

生产要素（Factors of production）：在古典经济学中指土地、劳动力和资本；

实际价格（Real price）：根据总体通货膨胀或通货紧缩水平调整后的商品价格；

贴现率（Discount rate）：央行向其他银行贷款的最低利率或确定未来现金流量现值的回报率；

土地税（Land tax）：基于土地估价对土地所有权征收的税款；

违约（Default）：未能偿还贷款；

无风险利率（Risk-free rate）：投资者对无风险投资（如国库券）的期望利率；

相关性（Correlation）：两组随机变化数据之间的关系，相关性强的话两组数据会同时变化，无相关性的话两组数据则是完全独立的；

效用（Utility）：一般指一人从经济交易中获得的快乐或满足；

新古典经济学（Neo classical economics）：基于个人主义、理性和均衡理念建立起来的经济学流派；

一般均衡（General equilibrium）：价格稳定、市场出清的虚拟经济状态；

涌现性（Emergent property）：复杂系统的特性或行为，源于基本法则或原则，但无法基于基本法则或原则进行预测；

知识产权（Intellectual property）：类似于发明或设计的财产，是人类智力的无形产品，可以通过版权、专利、商标和商业秘密予以保护；

重农学派（Physiocrats）：18世纪的法国经济学家团体，他们认为农业是所有财富的根本来源；

准备金（Reserves）：银行为偿还储户而持有的资金；

资本（Capital）：可用于投资或获得财务收益的货币或资产；

资本主义（Capitalism）：贸易和工业由私人而不是国家控制的制度；

总数（Aggregate）：名词，许多独立的元素构成的整体；

最后贷款人（Lender of last resort）：即央行，指的是央行向无法取得足够流动资产的私营银行提供支持。

进一步阅读

George A. Akerlof and Robert J. Shiller, *Phishing for Phools: The Economics of Manipulation and Deception*

Catherine Eagleton and Jonathan Williams, *Money: A History*

Joe Earle, Cahal Moran, and Zach Ward-Perkins, *The Econocracy: The Perils of Leaving Economics to the Experts*

Norbert Häring and Niall Douglas, *Economists and the Powerful*

Daniel Kahneman, *Thinking, Fast and Slow*

Satoshi Nakamoto, "Bitcoin: A Peer-to-Peer Electronic Cash System", https://bitcoin.org/bitcoin.pdf

David Orrell, *Economyths: 11 Ways Economics Gets It Wrong*

Thomas Piketty, *Capital in the Twenty-First Century*

Kate Raworth, *Doughnut Economics: Seven Ways to Think Like a 21st-Century Economist*

Tomáš Sedláček, *Economics of Good and Evil: The Quest for Economic Meaning from Gilgamesh to Wall Street*

Jack Weatherford, *The History of Money*